# 大运河镇江流域传统体育文化研究

朱迅华◎著

江苏大学出版社
JIANGSU UNIVERSITY PRESS
镇江

U0890875

**图书在版编目（CIP）数据**

大运河镇江流域传统体育文化研究 / 朱迅华著. 镇江 : 江苏大学出版社, 2025. 6. -- ISBN 978-7-5684-2518-6

Ⅰ. G852.9

中国国家版本馆CIP数据核字第2025HG8300号

**大运河镇江流域传统体育文化研究**

Dayunhe Zhenjiang Liuyu Chuantong Tiyu Wenhua Yanjiu

著　　者/朱迅华

责任编辑/蔡　莹

出版发行/江苏大学出版社

地　　址/江苏省镇江市京口区学府路 301 号(邮编：212013)

电　　话/0511-84446464(传真)

网　　址/http://press.ujs.edu.cn

排　　版/镇江文苑制版印刷有限责任公司

印　　刷/苏州盛世云印科技有限公司

开　　本/718 mm×1 000 mm　1/16

印　　张/12.75

字　　数/225 千字

版　　次/2025 年 6 月第 1 版

印　　次/2025 年 6 月第 1 次印刷

书　　号/ISBN 978-7-5684-2518-6

定　　价/58.00 元

如有印装质量问题请与本社营销部联系(电话：0511-84440882)

# 前言

2020年11月13日，习近平总书记考察调研大运河扬州段三湾生态文化公园时指出："千百年来，运河滋养两岸城市和人民，是运河两岸人民的致富河、幸福河。"2023年7月7日，习近平总书记在江苏考察时强调，江苏要加强优秀传统文化的保护传承和创新发展。大运河作为世界文化遗产，其保护与发展意义重大。2019年，中共中央全面深化改革委员会会议通过了《长城、大运河、长征国家文化公园建设方案》。与此同时，"十四五"期间国家哲学社会科学研究将体育文化资源开发创新、民族传统体育产业化活化传承等列为重点和前沿领域。文化强国战略、大运河文化带、大运河国家文化公园建设的实践在很大程度上有赖于体育文化的发展。因此，研究大运河流域传统体育文化，与大运河文化研究形成互补，是落实"文化强国、体育强国"的重大需求。

2014年大运河申遗成功，2018年江苏省大运河文化带建设研究院成立。笔者从2019年起即着力于大运河文化与体育文化结合的研究，历时6年。本书正是笔者6年来学术研究的系统性总结，书中运用了随机森林模型、结构方程模型、灰色关联分析法等对有关数据进行分析。在此期间，笔者主持撰写的研究报告《镇江大运河文化带休闲旅游现状与对策研究》在2021年获得了镇江市第十三届哲学社会科学优秀成果奖（体育学科唯一获奖项目）；笔者作为第一完成人的《基于GIS的苏南红色乡村传统体育平台》于2024年1月获批国家软件著作权1项（登记号：2024SR0184458）。

全书共分为十一章，具体如下：第一章"引言"；第二章"大运河流域传统体育调研"；第三章"大运河镇江流域传统体育文化整理及其数字化平台建设"；第四章"镇江大运河文化带休闲旅游及传统体育现状与对策”；第五章“大运河镇江段村落传统体育助力乡村振兴”；第六章“大运河流域乡村传统体育平台项目”；第七章“大运河镇江流域传统体育融入高校体育的情况调查”；第八章“大运河镇江流域来华留学生参与休闲体育及传统体育研究”；第九章“大运河镇江流域来华留学生体育消费及传统体育消费研究”；第十章“大运河流域传统体育在镇江的传承”；第十一章“大运河镇江流域民俗传统体育的现代化转型”。

囿于笔者学识水平，书中难免存在疏漏和不足之处，恳请广大读者多加指正。

## 目录

# 第一章 引言

## 一、研究背景

笔者主持了镇江市社科课题“镇江大运河文化带休闲旅游现状与对策研究”，主持撰写的同名研究报告于2021年获得了镇江市第十三届哲学社会科学优秀成果奖（图1-1）。

奖励证书

朱迅华、居琳、陈昱、陈美琴、黄雪丽、方大顺、吴华博、徐仰良、贾儒、王芳平、窦丽娟同志：

你们的研究报告《镇江大运河文化带休闲旅游现状与对策研究》入选镇江市第十三届哲学社会科学优秀成果。特发此证，以资鼓励。

镇江市人民政府

二〇二一年一月

**图1-1 镇江市第十三届哲学社会科学优秀成果奖证书**

京杭大运河（又称京杭运粮河）是世界上开挖最早、里程最长、规模最大、维持时间最久的人工运河。时光流转，岁月轮回，大运河作为沟通南北漕运要道的功能虽已经终结，但其作为承载中华优秀传统文化“活化”之河的载体，新时代价值正在日益凸显。2017年6月，习近平总书记作出批示，强调“大运河是祖先留给我们的宝贵遗产，是流动的文化，要统筹保护好、传承好、利用好”；2018年6月7日，江苏省委书记、省大运河文化带建设工作领导小组组长娄勤俭主持江苏省委理论学习中心组深入学习贯彻习近平总书记关于大运河文化带建设的重要指示批示精神；2018年7月5日，镇江市大运河文化带建设工作领导小组第一次全体会议召开，镇江市委书记惠建林强调全力推动镇江市大运河文化带建设争创示范、走在前列；2019年7月24日，中共中央总书记、国家主席、中央军委主席习近平主持召开中共中央全面深化改革委员会会议，审议通过了《长城、大运河、长征国家文化公园建设方案》；2020年3月5日，江苏省省长吴政隆主持召开省大运河文化旅游发展基金管委会会议，深入学习贯彻习近平总书记关于大运河文化带建设重要指示批示精神，认真落实《大运河文化保护传承利用规划纲要》《长城、大运河、长征国家文化公园建设方案》部署要求，研究江苏省大运河文旅基金第一批子基金设立方案，审议2020年基金投资计划，进一步把各项工作抓紧抓细抓出成效，更好发挥基金作用，推动江苏大运河文化带和国家文化公园建设走在前列。

镇江作为大运河沿线重要节点城市，现存各类文化遗产共90余处。其中包括大运河镇江段、宋元粮仓遗址、昭关石塔、镇江英国领事馆旧址等6处全国重点文物保护单位，以及冷遹旧居、新四军江南指挥部旧址、练湖闸等20余处市县级文物保护单位。虎踞桥、开泰桥等形态各异的古桥是珍贵的历史遗迹，西津渡码头更是江河交汇文化的生动见证。

自20世纪80年代以来，文化开始越来越凸显“休闲”的属性。“休闲”大踏步地进入各个领域。如奥林匹克的不少项目在逐渐向娱乐、观赏方向改造，更加适应电视转播的镜头，很多传统项目被简化、软化、娱乐化，以适应大众休闲娱乐的需要。

## 二、相关文献回顾

### （一）传统体育文化研究

A. 传统体育文化的释义研究：立足新时代新征程，研究民族传统体育构筑中华民族共有精神家园的时代价值及以新发展理念为核心打造文化符号和精神标识探讨交往交流交融的传统体育推进路径①；传统体育是在古代产生并流传至今的体育活动②；文化是人类创造的物质成就和精神成就的总和及其创造过程③。B. 传统体育的项目、史料和演变研究：梳理了中国古代各时期的传统体育项目，如中国古代的龙舟竞渡④；传统体育史料整理方面，梳理了武术的历史⑤；传统体育文化传承方面，研究了乡村

① 白晋湘，郑健，朱鹏，等. 新时代新征程民族传统体育构筑中华民族共有精神家园的时代价值及推进路径［J］. 体育科学，2023，43（2）：23-32.

② 崔乐泉，张红霞. 中华优秀传统体育文化的缘起与特征［J］. 武汉体育学院学报，2020，54（7）：13-20.

③ 卢元镇. 体育文化演讲录［M］. 广州：中山大学出版社，2020：91.

④ 崔乐泉，张红霞. 中华优秀传统体育文化的缘起与特征［J］. 武汉体育学院学报，2020，54（7）：13-20.

⑤ 郭玉成. 中国武术史［M］. 北京：高等教育出版社，2019：67.

民俗体育复兴的集体行动[①]。C. 跨地域“带”状的传统体育文化代表性研究：丝绸之路展现了由长安到雅典、罗马的古代体育文化[②]。

**（二）大运河文化与大运河传统体育文化研究**

A. 绝大多数研究从开凿、修治、漕运文化着手探讨大运河文化。代表性研究有：回顾大运河的开凿史和修治史[③]；我国明代就记载了大运河水陆路程、船桥价格和航运安全的漕运文化[④]；B. 大运河传统体育文化是大运河文化的重要组成部分。大运河传统体育文化从体育的角度分析了京杭运河不同区段体育文化资源、特色和建设现状与存在的问题[⑤]。但是以“运河体育”为主题进行搜索，中国知网收录文章仅 12 篇，无论是从研究对象还是研究视角来看，这些显然不能全面地观察运河体育文化的演变和创新，运河文化的体育学研究需要得到更多关注。

**（三）传统体育文化传承研究**

A. 传统体育复兴与文化活化研究。以湘西浦市龙舟活动对乡村民俗体育复兴的集体行动逻辑及其治理进行思考[⑥]；在传统体育文化活化方面，提出了体育文化资源的开发创新[⑦]。B. 国外学者结合传统体育进行体育旅游的研究：迈克·韦德（Mike Weed）和克里斯·布尔（Chris Bull）提出结合陶土飞靶、扎筏漂流、花式射箭等传统体育项目开发体育旅游[⑧]；理查德·W. 庞德尔（Richard W. Pouder）提出结合传统体育打造体育旅游品牌的观点[⑨]。C. 传统体育给当地群众健康带来的益处研究：全民健身文化引起人们对传统文化中休闲缺失的反思[⑩]。“全民”包括当地群众，当

---

① 彭春兰，龙佩林，白晋湘，等. 乡村民俗体育复兴的集体行动逻辑及其治理思考：基于湘西浦市龙舟活动的田野考察［J］. 武汉体育学院学报，2024，58（1）：53-60.

② 孙麒麟，毛丽娟，李重申，等. 从长安到雅典：丝绸之路古代体育文化［M］. 兰州：甘肃教育出版社，2020：83.

③ 张翠英. 大运河文化［M］. 北京：首都经济贸易大学出版社，2019：68.

④ 黄汴. 一统路程图记［M］. 杨正泰，点校. 南京：南京出版社，2019：46.

⑤ 张永虎. 后申遗时代京杭运河体育文化资源现状与发展路径选择［J］. 北京体育大学学报，2018，41（1）：43-49.

⑥ 彭春兰，龙佩林，白晋湘，等. 乡村民俗体育复兴的集体行动逻辑及其治理思考：基于湘西浦市龙舟活动的田野考察［J］. 武汉体育学院学报，2024，58（1）：53-60.

⑦ 杨桦，仇军，陈琦，等. 新时代我国体育哲学社会科学研究现状与发展趋势：基于国家“十四五”体育学发展规划调研分析［J］. 体育科学，2020，40（8）：3-26.

⑧ WEED M，BULL C. Sports tourism［M］. Oxford：Butterworth-Heinemann，2004.

⑨ POUDER R W. An exploratory study of how destination marketing organizations pursue the sports tourism market［J］. Journal of Destination Marketing & Management，2018：184-193.

⑩ 卢元镇. 体育文化演讲录［M］. 广州：中山大学出版社，2020：72.

前有关传统体育文化是当地群众健康受益之“根”、群众健康受益的效果等方面的研究还不多。

当前国内外对传统体育项目史料、单个项目文化、单个民族文化研究较多，但跨地域的“带”状传统体育文化研究有待加强。有些研究以“一带一路”为背景，但研究对象还是落在某一地区或某一项目上。以“运河体育”为主题进行搜索，中国知网收录文章仅12篇，运河文化的体育学研究需得到更多关注。本书致力于系统梳理大运河流域传统体育活动，在前人已有研究的基础上展开传统体育文化的整体性研究。我们研究大运河流域传统体育文化的传承和创新，应服务镇江，面向全国，探索大运河文化带等“传统体育文化+”的多元创新路径。

## 三、研究意义

（1）新理论架构。整理大运河流域传统体育项目，探索传统体育文化演变和传承创新路径，服务镇江，面向全国，可对大运河流域传统体育的理论研究作出贡献。另外，传统体育文化与大运河文化形成互补，对相应的理论体系构建有启发意义。

（2）健康促进价值阐释。传统体育文化为当地群众健康受益之“根”，这个“根”不光是“根本”——传统体育文化之源，更是“根植”——生根发芽，代代相传。

（3）服务国家战略实践。研究有助于将“文化强国、体育强国”的核心理念落实到大运河流域，探索兼顾“文化传承”“全民健身”与“经济效益”的绿色发展路径。

（4）决策参与。研究有助于为大运河文化带和大运河国家文化公园建设提供策略指导。

# 第二章

# 大运河流域传统体育调研

# 第一节　江苏非物质文化遗产代表性项目——孙氏太极拳

镇江作为孙氏太极拳的重要发源地之一，十分重视孙氏太极拳的传承保护工作。2023年4月，江苏科技大学体育学院开展了“寻访太极文化，感受非遗魅力，助力健康中国”调研活动。4月28日上午，体育学院晨曦服务社前往镇江市孙氏太极拳展馆，拜访了孙氏太极拳第三代传人霍培林先生。霍先生为江苏省级、镇江市级非遗项目“孙氏太极拳”代表性传承人，镇江孙氏武学研究院院长。孙氏太极拳为中国太极拳的代表性流派，是中国近代著名武术家、一代宗师孙禄堂先生集形意、八卦、太极之大成，冶三家于一炉所创立的优秀拳种，易学易练、内功感受明显、效能显著，乃名副其实的中华文明瑰宝。

来到展馆，两位孙氏太极拳传承人正在练习拳法，霍先生向学生介绍，他们正在练习的是孙氏太极拳中的形意拳，其风格特点主要是：进步必跟、退步必随、动作敏捷、圆活紧凑，犹如行云流水，连绵不断，每左右转身以开合相接。而后传承人主动为学生们展开了教学，对形意拳的动作要领进行了讲解和传授。在传承人的组织下，学生们在他的身后展开队形，学习蛇拳、马拳等拳术。太极拳是国粹，练好太极拳第一要练好身体，第二要平衡好心态，练好拳，做好人，才能更好地服务社会。我们要静下心来把优秀传统文化带进高校，把这一理念传递给更多的年轻人。

## 一、孙氏太极拳简介

孙氏太极拳是孙禄堂先生对形意拳、八卦拳、太极拳从追求运动形式和内涵的高度统一出发，对三派拳术进行匠心独运的重构，使拳合于道自然升华而创，对近代拳学的发展产生了深远影响。

孙禄堂（1860—1933），名福全，晚号涵斋，河北完县东任家疃（今属保定市望都县）人，一代武学宗师。民国十七年（1928年），江苏省国术馆在南京成立，省长钮永建任馆长，孙禄堂任副馆长兼教务长，1929年，该馆迁往江苏省会镇江，馆址设在镇江新西门阳彭山北五省会馆。孙禄堂率领其子孙存周、其女孙剑云在镇江面向民众公开传授孙氏太极拳。此后，孙剑云大师多次亲临镇江传授武德规范，教授武艺，两代人的传承对江苏孙氏太极拳的发展起到了积极推动作用。通过镇江民众世代研习、传承，孙氏太极拳已发展成为江苏地域的特色文化，并被列入镇江市市级非物质文化遗产名录，受到政府的高度重视和保护。该拳以修身为宗旨，并将此理念贯穿于站桩、盘架、推手、大捋、散手等训练全过程，是一种“内外兼修”的运动。它不仅具有完善人的德性、提升人的生命力和生命价值的功能，更对塑造和提升民族精神与民族气质具有重要价值和意义。

自 1984 年孙氏太极拳研究会在镇江成立以来，其成员多次参加国内国际比赛，如泰州国际武术交流大赛、北京市国际武术邀请赛、世界太极拳健康大会（国家体育总局举办）等。

## 二、孙氏太极拳传承现状

孙氏太极拳普及大江南北，镇江作为其重要传承地，影响力以镇江为中心向周边地区辐射。

孙氏太极拳创拳至今已近百年，江苏民众广泛受益。当年，时任江苏省国术馆副馆长兼教务长的创拳人孙禄堂先生，率领其子孙存周、其女孙剑云及弟子若干人，在馆内设帐授徒。主要形式包括：① 国术师范讲习所，学期半年至一年，全天脱产训练，国术馆供膳宿；② 女子国术德习所，招考志愿学武的女子参加训练；③ 业余国术露天学校，招收普通民众，分成年、童子、女子三个班。当时的江苏省国术馆在镇江培养了张景山、童麟珠等大批孙氏拳高手，为孙氏太极拳日后的传播奠定了坚实的基础。孙剑云大师多次来镇江传拳，大力推动了江苏孙氏太极拳的发展，在其倡导下，镇江孙氏太极拳研究会成立。2011 年，镇江培林孙氏武学研究院成立，霍培林院长口传身授，多年来接待了全国各地和不同国家、地区的孙氏太极拳爱好者，通过该平台，孙氏太极拳进一步走向了全国乃至世界。

孙氏太极拳以明理修身为本，以技击为末，兼具强身健体与防身御敌之效。其训练过程（站桩、盘架、推手、大捋、散手）遵循“炼形生精、炼精化气、炼气化神、炼神还虚、炼虚合道”的进阶层次。它以形意拳为本、以三体式站桩为基础，行拳上下无起伏，两膝弯曲 135 度，如水漂落叶。该拳全套动作，有 97 式、58 式、36 式等，训练时间一般在 8 到 10 分钟。进退相随，迈步必跟，退步必撤，不偏不倚，迈步如槐虫，跟步如扛物，转身以开合相接，周身无处不开合。

孙氏太极拳为高架活步开合太极拳，男女老幼均可习练，动作敏捷、圆活紧凑，行拳如行云流水，连绵不断，其势如长江大海，滔滔不绝。它以“无极式站桩”为百形之母、万法之基，行拳不尚血气，纯以神行，蓄神求中和，拳架无起伏，纯任自然，以达一派中和之气。身体形态、身法步法要含形意拳、八卦拳之法。习练孙氏太极拳要以“九要”为规范，“九要”即塌、提、扣、顶、裹、松、垂、缩、起落钻翻。具体要领包括塌腰、塌腕、提肛、扣肩、扣膝、顶头竖项、舌顶上腭、裹膝、裹胯、裹肘、松肩等。步伐有正八字、倒八字、错综八字、斜长方。手形五指自然分张，虎口呈半月形。总结来说，孙氏太极拳以三体式为基，以形意拳为本，动中求静，静中求动，上下相随，左右相顾，开合鼓荡，周身一家。

孙氏太极拳的价值体现在：① 历史价值：为人们了解和认识孙氏太极拳的发源、发展、保护和传承提供了宝贵的历史资料，为人们研究和探讨中华传统的武学文化提供了方便。② 文化价值：其一，孙氏太极拳具有完善人的德性、提升人的生命力和生命价值的功能，对塑造和提升民族精神与民族气质具有重要价值；其二，孙氏太极拳是江苏的一种地域文化，是文化金矿，是江苏对外文化交流的重要名片。③ 艺术价值：架式优美，呈现出力与美的感染力，其理论、技术、美学架构为其他艺术门类提供了很多可以借鉴的元素，通过拳势变换可以引发人们内在的向上激情、健康的生活信念和进行艺术创作的体会，同时提高人们对中国传统艺术的审美品位。④ 科学价值：理论基础和行拳方式与中华民族先民的朴素哲学思想和生活方式有着深刻渊源，孙氏太极拳的动作表现形式与民俗相融合，因此孙氏太极拳是中华民族宝贵的文化遗产，是东方文明中一颗璀璨的明珠。

孙氏太极拳现入室的中外弟子（第四代传人）已达一百余人。镇江培林孙氏武学研究院（前身为镇江孙氏太极拳研究会）的国内传承点有镇江（大市口城市客厅、虎踞桥、金山公园、香江花城等地）以及苏州、泰州、淮安、盐城、宿迁、上海、深圳等地；国外传承点有英国、法国、印度等。有关孙氏太极拳的书籍有《孙禄堂武学录》《孙氏太极拳剑》《孙氏太极拳 36 式动作图解》《孙禄堂武学著作大全》《十三式孙氏太极拳动作图解》等。

孙氏太极拳的当代主要传承人简介如下。

霍培林（第三代传承人），男，生于1948年，镇江市人。20世纪70年代初，他师从原河南省国术馆教官、镇江武术名师张祚玉习杨氏太极拳、少林拳、河北形意拳、八卦拳等。为全面系统习练孙氏拳，寻求孙氏武学真谛，他北上北京访孙剑云大师，拜其为师。对孙氏太极拳、形意拳、八卦拳和器械全面研习后，他在江苏省内外广泛传播孙氏太极拳文化，是江苏省孙氏拳的主要代表人物之一。

许健（第四代传承人），男，生于1966年，镇江市人。20世纪70年代末，他启蒙于原江苏武术队教练臧治国的父亲臧道学先生，后随镇江市武术协会原主席周生洪先生学习外家拳和传统杨式太极拳、械。2001年6月，经霍培林先生引领，他归入孙门正宗，主攻孙氏太极拳、孙氏形意拳、孙氏八卦拳及器械等，擅长拳理的研究，功架内涵丰富，为孙氏太极拳第四代传承人的主要代表人物之一。

朱守明（第四代传承人），男，1948年生于镇江，大学文化，高级工程师，江苏省武术协会会员，武术六段，师从霍培林，主攻孙氏三拳，协助师父每年传拳过千人。

霍永俊（第四代传承人），男，1970年生于镇江，江苏省武术协会会员，武术六段。自幼习武，深得其父——孙氏拳第三代传人霍培林真传，现任镇江孙氏太极拳养生馆副馆长、主教练。

## 第二节　江苏非物质文化遗产——春城马灯阵舞

春城马灯阵舞又称“马灯舞”“跑马灯”，是流布于句容茅山镇春城、敬德、朱巷和何庄等村的传统民俗活动。相传，唐朝大将尉迟敬德打了败仗，路过茅山躲藏扎营于春城“龙化庵”，尉迟敬德的胯下骏马高大雄壮，百姓十分喜爱。因尉迟敬德对“龙化庵”建有功德，山里百姓将“龙化庵”改名“敬德庵”以示纪念，并扎制马形道具，嬉戏娱乐。

春城马灯阵舞的马形道具用竹篾、麻绳扎制首尾骨架，以纸、布糊于外表并染色绘画，内置蜡烛，分别固定于表演者的前胸和后背。过去表演时，表演者除身扎马灯外，还会给自己的脸上画上油彩，装扮成各种历史人物和戏曲人物，现人物装扮已趋于简化统一。

春城马灯阵舞的表演与其他马灯阵舞表演有所不同，表演前会有“打场子”、举“高照灯”、鸣放火铳等仪式，起到昭告村民活动即将开始的作用。表演队伍装扮也与其他马灯表演装扮有所区别，春城马灯阵舞表演队伍除有 22 匹马外，首尾分别还有一头牛和一头小黑驴，牛是农民的家宝，代表忠诚，小黑驴俏皮、灵活，表演中它可以四处穿行，自由发挥，凭借风趣的表演起着烘托气氛的作用。

春城马灯阵舞阵法丰富多样，如十字阵、篱笆阵、梅花阵、金锁阵等。演出时，表演者按照顺序依次绕场亮相，灯马卒伴随着锣鼓节奏在每个阵势中有机结合和变换，根据不同的角度变换队形，从不同的位置依次环环相扣，或缓缓徐行，或疾驰跳跃，跑出变幻莫测的各种阵势。

春城马灯阵舞是一项融马灯舞、花船、花灯、山歌、戏曲等多种民间艺术形式为一体的综合传统舞蹈。每表演完一个阵法，队伍就会绕圈缓步行进，圈中间会有挑花担、荡湖船演唱民歌、戏曲等表演。春城马灯阵舞历史悠久，乡土气息浓郁，地域文化特色鲜明，蕴藏了纸扎艺术、舞蹈阵法、戏曲表演等多种传统艺术门类，成为这个地域传统文化的重要载体。加强对该项目的保护，对促进邻里之间、村与村之间沟通互助，共建和谐社会，实现社会主义核心价值观具有重要作用。

春城马灯阵舞早年由于表演形式简单，刚开始是玩几年息几年，后渐渐演变成有套路、多阵式的民间舞蹈，参与的人越来越多，内容越来越丰富，成为一项颇具规模的大型群众性表演活动。新中国成立后，春城马灯队每年开春播种前及立秋后都会组织“跑马灯”，以祈求庄稼长势好、收成高。最隆重的“跑马灯”在每年的元宵节。1979 年元宵节，春城马灯队参加县城灯会；1995 年，春城马灯队参加句容撤县建市庆祝活动。此后的十多年间，春城马灯阵舞活动一度停滞，直到 2011 年，在上级文化部门的重视和关心下，春城马灯队重新恢复。

春城马灯阵舞的主要特征有如下几个方面。

（1）扎制技术独特。春城马灯道具采用竹制马架、麻绳定位，具有弹性好、收缩性强的特点。表演时，马头和马尾随表演者的奔跑而上下抖动、左右摇晃，既逼真又生动。

（2）表演者心怀诚敬。每次化妆前，表演者均会到庙里敬香，表演时先以锣鼓开道，并举行昭告放铳仪式及火球打场，仪式要求严谨。

（3）全民参与，规模宏大。春城马灯阵舞的独特之处在于其规模宏大。春城马灯阵舞分大场、小场两种形式（规模），大场除跑马队之外，还穿插花船、舞狮、山歌、小调等表演，队员穿戏服，扮彩妆，持锦旗、伞盖、锣鼓、吉星高照（灯）、火铳、流星灯等各式道具，全员上阵。另有儿童组成的“游马灯”队伴行，全村村民手提自制彩灯跟随，整个马灯队可达数百人之多。

（4）阵法表演震撼人心。春城马灯阵舞有十余种阵法。表演时，随着大锣大鼓敲出震撼人心的套曲，在节奏极强的锣鼓声中，马灯队在领队的指挥下登场，数十名演员在跑动中流畅变换阵势，步伐多变而井然有序，好似游龙翻舞、群马奔跃，每一个阵法都在跑动中一个一个地展现了出来，非常令人震撼。

春城马灯阵舞的重要价值有如下几个方面。

（1）历史价值：春城马灯阵舞源自唐朝，历经千年演变、百年传承，仍能以活态形式保留至今，其中的民俗内涵、艺术风格及传承方式都是历史的沉淀与积累，具有重要的历史研究价值。

（2）文化艺术价值：春城马灯阵舞具有浓郁的乡土气息和地域文化特点，蕴含当地多种传统艺术门类，是该地域传统文化的重要载体。

（3）社会价值：春城马灯阵舞参与的人多，活动范围广，邻里之间、村与村之间通过春城马灯阵舞相互沟通、相互帮助，共同追求和祈盼美好的生活。春城马灯阵舞成为构建和谐社会的重要因子，具有重要的社会价值。

春城马灯阵舞现已建立了一支传承表演队伍，恢复了部分传统表演形式，确立了一位区级代表性传承人，句容市委宣传部、茅山镇政府等部门都下拨了资金，春城马灯阵舞的保护工作正逐步规范化。

春城马灯阵舞的当代主要传承人为胡贤平。他 1948 年出生于茅山镇朱巷村，青年时期每年都参加春城马灯阵舞展演活动，后成为传承“领路人”，精通马灯阵舞的各种阵式和套路，技艺精湛。1979 年，他领队参加句容县元宵节灯会展演；1995 年，他领队参加句容撤县建市庆祝活动；2012 年，他参加马灯阵舞恢复组队指导工作；2013 年，他领队开展春城马灯阵舞在市区广场的展示传播活动。

2013 年，胡贤平被句容市人民政府正式认定为春城马灯阵舞非遗项目句容市级代表性传承人。

春城马灯阵舞的保护单位——句容市文化馆对此非遗项目采取的保护措施与所获成效如下。

（1）2012年，在江苏省文化厅支持下，句容市委宣传部会同文化主管部门与茅山镇政府，启动春城马灯阵舞保护与传承的工作要求，制定保护措施，并下拨了10万元专项保护基金。

（2）2012年3月，茅山镇何庄村成立了以村党支部书记为组长的5人保护工作领导小组。句容市文化广电体育局、市文化馆非遗办派出专门人员，协助指导何庄村春城马灯阵舞的保护工作。2013年5月，新组建的春城马灯队在句容市葛仙湖公园广场成功展演，数千市民欣赏了他们的精彩表演。2013年10月，春城马灯阵舞以舞台文艺节目的形式再次亮相于广场舞台。

（3）2006年，春城马灯阵舞入选镇江市首批非物质文化遗产名录；2016年，春城马灯阵舞升格为江苏省第四批省级非物质文化遗产。

……

作为春城马灯阵舞的保护单位——句容市文化馆对此非遗项目进行保护的内容与计划如下。

（1）强化资料的挖掘和整理。第一，系统运用文字、图片、录像等能够长期保存的媒介和数字化信息技术，对春城马灯阵舞相关信息进行全面系统的收集，包括纸扎艺术、阵法舞步、民间小调与田歌、小曲、故事和民俗等，建立系统档案库；第二，对挖掘成果系统整理，并出版相关成果。

（2）完整恢复春城马灯阵舞的表现形态。第一，道具严格按传统纸扎技术恢复，确保马形的逼真和灵活性；第二，恢复传统装扮，突出地域特征，保持原生态表现形式；第三，增补传统道具，复原出场仪式。

（3）培养传承队伍，搭建展示平台。第一，从原流布村落组建一支传承表演队伍；第二，支持原流布村落举办马灯阵舞活动，通过资金帮助、传承指导、评选马灯阵舞传承村落、制定马灯阵舞传承奖励办法，以及将马灯阵舞活动纳入村委会工作考核范围等手段，提升传承能力；第三，在全市选拔一批优秀人才，组建一支以年轻人为主的表演队伍，在保持原真性基础上，提高表现力，增强可看性；第四，联合教育局将春城马灯阵舞纳入本土特色文化教育，组建小学生马灯阵舞队伍；第五，结合传统节日，定期举办传统春城马灯阵舞表演，同时交叉举办全市、全省乃至全国性的马灯阵舞比赛，扩大影响力和传播能力，为该项目搭建一个高水平的学习交流和展示平台。

（4）加强研究，为传承保护提供理论支撑。深化理论建设，通过召开座谈会、举办研讨会，为春城马灯阵舞的传承发展提供有力的理论支撑。

未来，镇江对春城马灯阵舞的传承将常态化，要持续举办春城马灯阵舞最佳传承队伍的评比活动；积极申报各级代表性传承人；举办研讨会，深入探讨其传承、发展及其历史价值、文化艺术价值、社会价值，提升春城马灯阵舞传承发展的理论水平。

## 第三节　江苏非物质文化遗产——扬中永胜九狮图

九狮图流布在镇江扬中永胜村，创始人是齐广进。九狮图第四代传承人是齐晓云，齐广进是齐晓云的曾祖父。

每逢大年初一，九狮图舞狮团队清晨即出发，抵达一个自然埭就摆一场子舞狮。舞狮的花样技巧繁多，先是大刀开路后面领球的要狮抢球，有正反九连环、跑元宝阵（八字）、五瓣梅花桃芯、打结（乌龙摆尾）等花样。狮子舞好后，表演者立即围成一个大圆圈，大刀上场先开四门，然后开始表演金钩钓鱼、关公跳刀、美人脱衣等招式。之后表演舞狮的人员全部登场，他们利用八仙桌，有的鲤鱼过坝、张飞跨马、磨桌子角、四个角上竖行（倒立），有的翻癞宝跟头、撂石锁、打猴拳，等等。舞狮结束后，当地热心观众会下去帮忙收取些水糕黄面片，分发给大家享用。

舞狮活动一代传一代，直至“文化大革命”才暂时停休了一段时间。后来百花齐放，推陈出新，舞狮又重新活跃起来，村领导也对其更加关心重视，例如，老支书潘如跟每到春节必带领舞狮队给军烈属和五保户拜年。上级领导也非常重视舞狮传承人的培养，每逢庆典与表演活动都指名要九狮图团队参与。九狮图团队多次参加扬中和其他地方的表演活动，广受观众喜爱。例如：参加江苏省民间舞蹈表演曾获金奖；两次参加镇江市金山之光艺术节演出；代表江苏省参加在山西太原举办的中国第二届民间艺术节，一举夺得了金奖；参加扬中长江大桥一桥与二桥开工与建成庆典表演；等等。

早期表演舞狮的人员穿着自己选的服装上场，随着时代的发展，现在表演人员的着装越来越正规，演出的服装均为定制，光彩夺目。并且舞狮在传统的基础上进行了改革，现代化的小狮子由原来的十一只改为九只，因而现在叫九狮图，年轻人都喜欢。现今像第四代传承人齐晓云那般从小就爱好舞狮的老年人都已经七十岁以上了，亟须培养新一代年轻人把这个艺术传承下去。齐晓云他们训练年轻人抻腿、抓绣球，不求回报，唯愿九狮图传承下去。相信热闹的观演感和技艺必将使得九狮图世世代代传承下去。

## 第四节　江苏非物质文化遗产——花毽

镇江“花毽”项目于2006年12月被镇江市文化广电新闻出版局列入首批镇江市级非物质文化遗产项目名录。该项目传承人郑雅兰于2014年7月被丹阳市文化广电新闻出版局认定为第二批丹阳市级非物质文化遗产项目代表性传承人。2024年，花毽升格为江苏省第五批省级非物质文化遗产代表性项目。

踢毽子是我国一项流传很广、有着悠久历史的传统体育活动。据历史文献和出土文物证明，踢毽子起源于我国汉代，盛行于六朝、隋、唐时期。

江苏丹阳历史源远流长，踢毽运动早就在民间流传。昔时，家家有毽，人人善踢，尤以逢年过节更为热闹，街头巷尾，到处可以看到踢毽活动，为节日增添了特有的喜庆气氛。丹阳市云林中心校更是将这项运动很好地传承和发展起来。

1985年，丹阳云林倪甸小学的学生参加了上海《少年报》举办的踢毽通讯赛，徐小仙同学被授予了“毽子大王”的称号，一举成名。美国旧金山唐人街的旅美华侨伍振权老先生获悉后，在美国赋诗一首《连千续万》（小仙徐腿踢高标，技冠群雄毽子骄。六七〇〇添四二，层楼更上待来朝。）寄给丹阳市人民政府，并转呈倪甸小学以示祝贺。这出人意料的收获在平静的村小里激起了波澜，激发了小学生们对花毽的兴趣，个个摩拳擦掌，跃跃欲试，踢毽活动在倪甸小学一时间蔚然成风。不久，踢毽活动从倪甸小学向外扩展，到1988年，整个云林的小学生都踢起了毽子。

从点到面，从普及到提高，新的踢毽高手不断出现，踢毽纪录被不断刷新。踢毽的花样也不断翻新，难度系数持续加大。1990 年，云林中心小学的踢毽技艺开始由单踢发展到盘踢，中心校的高冬华曾一次性盘踢 4 小时 15 分，成绩达 25700 多次。

由村小到中心小学，由校内到校外，云林中心小学的花毽崭露头角，被各级教育和体育部门看好，踢进了全国性的体育赛事。1991 年至 1993 年，云林中心小学的学生代表江苏省参加全国花毽邀请赛，连续包揽了“三项全能”这个项目的前四名。锋芒初露，旗开得胜，云林中心小学深受鼓舞，花毽活动进一步引起了相关校领导的重视。

为使踢毽活动进一步登上体育活动的大雅之堂，并使技术动作更为规范，1994 年学校从天津请来了被誉为“四大名腿”之一的全国著名花毽教练邱明宽到学校指导。邱教练对学校运动员进行了为期 20 天的正规训练，并向学校体育教师传授花毽技术要领，云林小学的花毽活动后多次在全国比赛中获奖。云林花毽队开始饮誉省内外，在全国享有较高的知名度。

从最初的单踢发展到盘踢，再发展到“三项全能”，再发展到花样踢，云林中心校的体育特色项目“踢毽”经历了三个飞跃，达到了相当高的水平。云林中心校花毽队代表省里参加全国各类比赛，屡创佳绩。2000 年、2004 年、2008 年、2012 年，学校花毽队受到江苏省人民政府的派遣，参加第四、五、六、七届农民运动会中的花毽比赛，共为江苏省夺得了 1 枚金牌、3 枚银牌，以及 1 项一等奖、2 项二等奖、1 项三等奖。

2013 年 8 月，云林中心小学与云林中学合并为云林学校，合并以后，学校继续以花毽为特色，引领学校的全面和谐发展，使花毽之花开得更艳、更美。

## 第五节　江苏非物质文化遗产<br>——龙舞《二龙戏珠》

相传赤山湖的赤山之巅有座天云寺，又名祠山行宫，主供张大帝。清康熙六年（1667 年）元宵节，山下各村民众为争先上山祭祀，发生斗殴。相持不下时，句容三阳地村一名吴氏女子站了出来，端起内盛茶水的大石臼，放于一大树丫之间，声称谁能捧起石臼喝了茶水才算获胜。此举令各村民众惊叹不已，自甘认输。于是三阳地村的村民先行上山，从祠山行宫获得了两座“神亭”、一张四脚雕龙的香案和两架龙灯。这两架龙灯从此成为该村的祭祀用具和娱乐道具，并由此形成了龙舞《二龙戏珠》。

《二龙戏珠》以“珠引龙舞、云随龙翻，龙云穿插、二龙戏珠”为主要内容，配有开道锣鼓、行路鼓点。舞龙队形主要有：龙筐、二龙吐水、龙井、上水波形、下水波形、二龙戏珠、龙穿梅花、螺蛳单结顶、龙戏尾、龙戏情、八瓣花，等等。这项精湛独特的表演艺术为“全国独一”，它属低架龙，亦称滚地龙，其架上能缀满蜡烛，任意游动翻滚，烛火始终向上，尤其在黑夜中表演，宛如闪电，俗称“火龙”，堪称一绝。两条巨龙高跃时如龙腾九霄，低游时似蛟龙翻海，或依偎交缠，在翻、滚、转、穿、跳、跃间，将珠引龙舞、云随龙翻、龙云穿插、二龙戏珠、组字造型等 10 余个套路在规定时间内一气呵成，可让场内观众领略一种遒劲勇猛的气势和赏心悦目的愉悦，全体队员在跳跃间最终以线条流畅的“中国龙”三个字造型结束。

龙舞《二龙戏珠》历史悠久，融舞蹈、杂技、音乐、锣鼓为一体，气势磅礴，场面热烈，极具观赏性。因表演形式独特，阵势浩大，其生动、威武、优美的艺术形象，成为中华儿女奋发图强、坚毅拼搏的民族象征，并且它威武、刚毅、勇猛、生动，具有龙舞的民族性、艺术性和地域性，是非物质文化遗产中不可多得的民间艺术瑰宝。该舞蹈已被录入《中国民族民间舞蹈集成·江苏卷》。

三阳地村民间龙舞活动很难经常开展，黄梅镇民间艺术团虽已开展此活动，但只有 20 人左右，规模不大。

目前，此活动主要由村民自筹资金购置服装道具并利用业余时间演练。句容市文化馆也努力进行定期培训、辅导等保护性抢救工作，如组织参加江苏省和全国的舞龙大赛、建立项目传承点、参加本市及周边县市的文化活动。句容市文化馆挖掘整理的资料入编《中国民族民间舞蹈集成》一书后，又进一步整理录制活动资料，同时建立了市、镇、村三级保护组织，落实责任制。

2006 年，该项目被镇江市人民政府列入第一批市级非物质文化遗产名录。

2007 年，该项目被江苏省人民政府列入第一批省级非物质文化遗产名录。

## 第六节　江苏非物质文化遗产——宝堰双推车

宝堰双推车流布在丹徒区宝堰镇坞村一带，是当地人在南宫庙会庆典活动中表演的传统节目。

《双推车》的主要道具是两辆木制手推车及新娘的假腿。表演者为2名浪子（后改新郎）、2名新娘和2名车夫。舞蹈时浪子领车，新娘坐车，车夫推车。原民间舞蹈虽有曲调，但无乐器伴奏，演员的舞步随锣鼓点前后以串八字为舞台调度跑场，领唱合唱交替进行，节奏明快而流畅，气氛欢快而热烈，充满了浓郁的生活气息和独特的地方色彩。唱词多取材于历史故事和民间传说。风格特点是："舞不离车，二车紧随，生动活泼，诙谐风趣。"这一民间舞蹈记载着当地结婚习俗，蕴含着丰富的文化积淀，具有优美、鲜明的音乐旋律，是丹徒南乡农民的一种艺术创造。它具有地域文化特征，具有特有文化的研究价值和音乐舞蹈的审美价值。

1983年，经丹徒文化馆民间集成挖掘整理，《双推车》复排后参加了江苏省"苏南片民间舞蹈调演"（常州）。1994年，经过重新改编创作的民间舞《双推车》参加了镇江市第二届"金山之光"艺术节广场开幕式演出，获得了中外游客的好评。1995年，为庆祝丹徒电视台开播庆典，丹徒县举办了"走向辉煌"大型文艺晚会，特邀南京军区前线歌舞团与丹徒文化馆组台演出，舞蹈《双推车》受到专业团体的好评。1996年，《双推车》经再次修改、提炼参加了镇江市第三届"金山之光"艺术节"金秋盛会"群文调演，获得一等奖。

随着农村城市化进程的推进，农民的生活节奏加快，生活愈来愈现代化，他们对这些民间文化的需求也越来越小。再加上老艺人们都已年迈，后继乏人，该项民间舞蹈面临传承困境，如再不进行抢救、保护，将有消亡之险。

2009年，该项目被江苏省人民政府列入第二批省级非物质文化遗产名录。

## 第七节　江苏非物质文化遗产——芦江张家镗

镇江市是镗舞发展的重要传承地之一。2017 年，芦江张家镗被列入江苏省级非物质文化遗产名录。2023 年 6 月 15 日，江苏科技大学体育学院红色乡村传统调研小队来到镇江市宝堰镇坞村，拜访了江苏非物质文化遗产——芦江张家镗的传承人姚珠顺老先生。

姚珠顺老先生说，芦江张家镗起源于句容市后白镇芦江村张家祠堂的一位张姓族人。“镗”原是古代士兵手中的一种武器，长一米五六左右，镗头有三片活动铁叶，镗重 2.5 公斤。后来演化出一项镗舞表演活动，武术与舞蹈浑然一体，其表演起来精妙无比，左右手的交换如行云流水。这项活动对身体的手、腿、腰、臀等多个部位都有锻炼的效果，乃中华文化之瑰宝。

老先生展示了镗舞，教同学们如何正确地舞镗，79 岁高龄的姚珠顺脚步稳健有序、动作敏捷，挥舞镗时驾轻就熟，能够通过手臂和脚上步伐将镗牢牢地稳固住。在老先生的带领下，同学们认真体验了镗舞。关于非遗传承的问题，老先生说，现在坞村里会镗舞的人最小也有 60 多岁了，本地年轻人愿意传承镗舞的非常少。

作为新时代青少年，我们要把传承传统文化宣传开去，呼吁更多的人关注非遗、传承非遗。

## 第八节　丹徒长山登山

登山运动是一项可以展现探索与拼搏精神的体育运动。登山运动在继承和发扬中华传统文化中的不畏艰险、顽强拼搏、团结协作精神方面有重要作用。通过对开展登山运动的部分高校进行研究可发现，登山运动能够提升学校知名度，培养学生能力，弘扬学校校训，扩大学校的社会影响力。为弘扬中华体育精神，我们应以发展登山运动为契机，普及全民健身运动，为大众提供登山健身服务，充分发挥登山运动在提升责任感、锤炼优良品质方面的作用，达到强健体魄、促进身心健康的目的。对我国登山运动的历史文化进行研究，能够挖掘登山运动的时代内涵，推动休闲社会的形成与发展，更好地服务社会主义建设，共建体育强国。同时，以弘扬登山文化为契机，深度挖掘其精华部分，赋予其新时代特有的文化内涵，能够推动中华文化走向世界，提高国家文化软实力。

十里长山位于丹徒区的中西部，头东尾西，面积为30.27平方千米。据《丹徒县地名录》记载：十里长山位于县境南面，横跨西麓、蒋乔、石马三个公社，因全长十二华里（6千米），故名十里长山。十里长山主峰海拔349.7米，为宁镇山脉东段高峰之一。十里长山是西周时期太伯、仲雍奔荆南最早落脚的地方，古“让王庙”踪迹今犹存；三国时期，十里长山上有三杰（鲁肃、周瑜、诸葛亮）把酒论英豪；宋武帝刘裕在这里采过寄奴草；唐伯虎在这里写过生；乾隆帝在这里爬过山；谢廷宠在这里建过驸马府；山下槐荫村据传是七仙女和董永生活过的地方。米氏云山的创始人米芾、米友仁父子艺术生涯的巅峰期都是在丹徒度过的。米芾钟爱丹徒山水，终老后也长眠在十里长山。十里长山既是他们寄兴托怀的精神家园，又是“米氏云山”画风的诞生之地。苏东坡说米芾画作“信笔作之，多烟云掩映，树石不取细，意似便已”。行草书字俊迈，有“风樯阵马、沉着痛快”之评。米友仁子承父业，亦工书画。米芾和米友仁世称“大小米”，画史上有“米家山水”“米氏云山”“米派”之称，极负盛名，并对后世“京江学派”的孕育有着极大影响。

与十里长山有密切关系的古代贤人，有“金戈铁马，气吞万里如虎”的南朝第一帝刘裕；有“闻鸡起舞”、“击楫中流”、《光绪丹徒县志》中立为“丹徒第一名贤”的祖逖；有为刘宋王朝拔城破垒立下大功、百姓为之立庙建祠的“檀王”檀道济；有进士及第任职“丹徒县尉”并被任国子监祭酒的杨敬之极力推崇“逢人说项”的晚唐诗人项斯；有北宋“四大家”之一、“米氏云山”创始人、著名书画家米芾；有明代“奇才名相”杨一清和他的学生、同样官至“宰相”的武英殿大学士靳贵；有清顺治年间的书画诗人、在长山生活时以“白猿当保镖”的御史笪重光；有情系长山山水屡有吟咏的唐代“长山隐士”刘昚虚和明末清初“秋江散人”冷士嵋；有清代“文章太守、水墨探花”王文治。

登山文化一直是中华优秀传统文化的重要内容。在新时代背景下，它更具生命力和感染力，能够在国家文化建设中担负起重要角色。其一，登山运动是一项有益身心的闲暇休憩活动，参与登山运动能够丰富群众文化生活。随着生活节奏的加快和余暇时间的增加，越来越多的人开始走出纷繁吵闹的都市，前往山地资源丰富地区体验户外生活。相应地，许多地区也围绕登山运动打造了各类主题文化节和体育旅游活动，形成了众多优质登山文化产品，登山运动由此成为群众文化生活的重要内容。其二，发展登山运动能够弘扬登山精神，为人们提供精神支持。长期以来，我国登山健儿们坚守拼搏奋进、积极向上的精神追求，秉持着“为国争光、为民族争气”的高尚情怀，用鲜血与生命铸就了“不畏艰险、顽强拼搏、团结协作、勇攀高峰”的伟大登山精神，其所蕴含的责任担当、勇往直前、自由探索等精神内核能够为登山者突破困境、追求理想提供强力支撑，是形成积极向上、昂扬奋进社会氛围的精神利器。

笔者和朋友曾实地体验了一下登长山，选择从“米氏云山”正大门开始，沿着大门右侧道路一直往山上走。在第一个岔路口有两个选择，继续上山或者去复建宋代古寺长山寺。据介绍，长山寺由僧智琦于宋哲宗绍圣四年（1097 年）建于镇江丹徒县西麓长山。明孝宗弘治七年（1494 年）修。清光绪元年（1875 年）重建，曾改弥陀佛殿。参观了长山寺后，我们接着上山。一直沿着健身步道走，两侧的树由于季节的原因大多都变黄，开始落叶，只有少数常青树还保持着绿色。继续向上爬，我们发现半坡上立着一块石碑，石碑上刻有“丹徒区乡土树种保护培育示范项目”，保护的树种有 20 多种，包括黄檀、朴树、榉树、榔榆、黄连木、刺楸等，项目的规模达到 3. 34 公顷。简单停顿一下补充点水，一行人绕后继续向上走。不知不觉，我们来到了当地有名的龙王庙。到了龙王庙，就再没有宽阔的柏油路了，只有通往山中的狭窄山路，我们选择了一条 1 米来宽的山路登山。前一段路还不怎么陡，大家登山还算顺利，到了半山腰，山路越来越窄，泥土松散，不少石块裸露在外，路滑难行，大家只好低着头，一步一个脚印，小心翼翼地向山顶攀登。之后我们一鼓作气，很快就登上了山顶。会当凌绝顶，一览众山小。感受着阵阵山风，我们享受着登顶成功的喜悦，并拿出手机拍照留念，然而由于雾霾的影响，手机拍摄出来的景色太过模糊。远眺长山北面，壮美的长江上百舸争流；往山南眺望，四通八达的公路像绸带向远方延伸，一辆辆汽车穿梭其中，路边的村庄被绿树笼罩，明镜似的水面熠熠生辉。更远处，丹徒新城拔地而起，中国米芾书法公园、十里长山生态农业示范园、大学城……一切是那么的美好。整个登山过程用时一个小时出头，此时笔者顺便测了一下自己的心率，大概为 118 次/分，同行伙伴的心率大概为 106 次/分，而刚开始上山的时候，笔者的心率在 101 次/分，同伴的心率在 84 次/分。我们在山顶稍作游览，便原路返回。沿着柏油路一直向下走，途中陆陆续续有人往上登，很多人都是一家人结伴而行，有的游客甚至推着婴儿车往上爬，不得不让人佩服。

由于禁止机动车上山，来爬山的游客不得不将车停在长山寺旁的十字路口边。下山后地面停满了车，可见登山活动日益受到人们的青睐。的确，爬山可带来以下诸多好处：① 促进血液循环。爬山是一项持续时间较长的运动，爬山的人随着呼吸频率的加快，全身血液的流动速度也会加快，因此爬山有助于促进血液循环，有助于增加大脑的供血，缓解神经系统的疲劳，还有助于改善睡眠质量。② 增强心肺功能。爬山过程中人会比较劳累，呼吸会比较重，这可以增强呼吸肌的力量，增强肺部通气与换气功能，这样不仅肺活量能够增加，心脏收缩能力也将增强。现在的年轻人逐渐重视自身以及家人的健康，会在空闲时带着家人锻炼身体。相对于其他健身方式，登山无疑是较为简单的健身方法。人们可以在登山途中欣赏美丽的风景，并且在不同的时节登山所看到的风景也会不一样，这使登山这个项目更加具有吸引力。

这次登长山的体验，总体来说还是挺好的。或许是由于长山寺还在维修的原因，登山的游客并不是太多，也许等长山寺修建好之后，上山玩的游客会越来越多，氛围会越来越好，到那时候再爬长山，带给我的体验或许会大不一样。希望越来越多的人能够趁着空闲的时间走出家门，登山而行，放松身心，呼吸新鲜空气。

## 第九节　赛龙舟

龙舟，是端午节竞渡用的龙形船。赛龙舟是中国传统节日——端午节的主要习俗。端午节最初是祛病避疫的节日，吴越地区春秋时期有在农历五月初五以龙舟竞渡形式举行龙图腾祭祀的习俗。后因诗人屈原在这一天逝世，这一节日逐渐演变成人们纪念屈原的日子。春秋战国时期，龙舟竞渡盛行于吴国、越国，至南北朝时期，楚地亦广泛流行此项活动，现在它深受世界各国人民的喜爱并形成了国际赛事。

划龙舟分为起龙、游龙、竞赛、收龙等环节。划龙舟是中国民间传统水上体育娱乐项目，是一种多人集体划桨竞赛，多在喜庆节日举行，现流行于中国及世界上其他一些深受中国传统文化影响的国家与地区。划龙舟这项体育娱乐活动，体现了中国传统历史文化的继承性和人们的集体主义精神。

2021 年 8 月 3 日，在东京奥运会皮划艇的比赛场上，中国龙舟作为展示项目进入奥运赛场，标志着中国龙舟已经启动了入奥程序。

2023 年杭州第 19 届亚运会龙舟比赛于 2023 年 10 月 4 日至 6 日在温州龙舟运动中心举行。

划龙舟作为一项源远流长的运动，不仅是一项体育竞技，更是一种弘扬民族精神和传统文化的方式。

在这项充满团队合作的运动中，每支参赛队伍都由一群拥有共同目标和信念的人组成。他们齐心协力地划动龙舟，顺应着指挥员的号令和节奏，全力以赴地向着终点努力。这一过程中，团队成员需要密切协作，统一行动，以确保龙舟在水上的平衡和速度。只有所有人都齐心协力、发挥各自的优势，才能取得好的成绩。

划龙舟的动作节奏非常重要，队员们需要根据指挥员的口令保持一致的划桨力度和频率。这需要高度的默契和配合，因为只要有一个人与其他人的节奏不一致，就会影响整艘龙舟的速度和稳定性。因此，团队成员不仅要具备良好的体力和技术，还需要相互理解和信任。不断的训练和磨合使得团队成员之间形成了一种默契的团队精神。

划龙舟作为一项体育竞技项目，具有很强的观赏性和娱乐性。观众可以在比赛现场欣赏到动感十足的划桨景象和壮观的龙舟造型，同时还能感受到选手们的激情和奋斗精神。比赛的氛围热烈，选手们在观众的欢呼声中尽情展现自己的实力和技巧。无论是参与其中还是观看比赛，人们都能感受到这项运动带来的快乐和团队合作的力量。

如今，划龙舟作为一项融合了文化、体育和娱乐的活动，为不同国家和地区的人们带来了共同的快乐和交流的平台。相信随着时间的推移，划龙舟这一古老而独特的传统运动将继续在现代社会中发扬光大，为人们带来更多的欢乐和共同的记忆。

划龙舟文化源远流长，如何在青年学生中实现有效传承，方法和手段十分重要。如何致力于传承中华优秀传统文化的基因，守正出新，增强青年学子的文化自信和责任担当，打造一系列具有民族特色的高校体育文化品牌，是当今高校需要持续探索的。

# 第三章

## 大运河镇江流域传统体育文化整理及其数字化平台建设

# 第一节 大运河镇江流域传统体育文化

## 一、大运河镇江流域水上活动

### （一）水上救生

清《光绪丹徒县志》载，救生会创自宋乾道年间（1165 年—1173 年）（图 3-1），时任镇江知府蔡洸为了杜绝盗匪和覆溺之灾建造 5 艘救生大船，每艘插一旗帜，以“利涉大川吉”为标识，从此西津渡渡船出发有序少有覆溺之患。救生会被认为是世界上成立最早的水上救生机构之一。

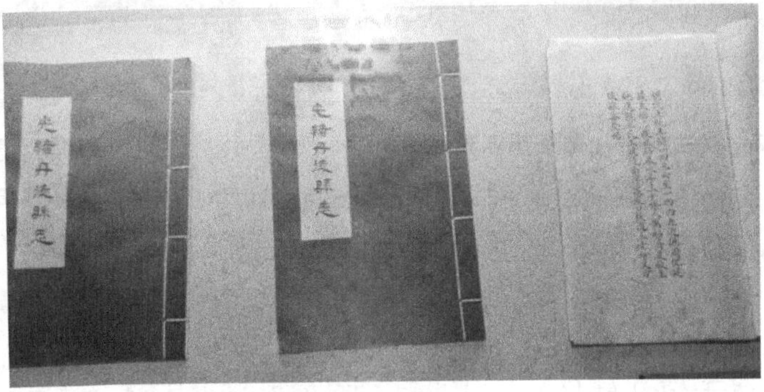

图 3-1 《光绪丹徒县志》中记载镇江水上救生的事实（藏于镇江救生会）

救生会，始于南宋乾道年间官办义渡救生，直到民国十二年（1923 年）兴办轮船为止，存续 750 多年，是世界上最早的义渡和救生组织。镇江是世界上最早开展江上义渡和救生的城市，其时间之早，影响之大，以及救生会会址至今仍然保存完好，在全国乃至全世界都属罕见。

随着社会的发展与江岸线的北移，救生会和救生红船（图 3-2），以及其他救生器材（图 3-3）已退出了历史的舞台，但救生会创办者在当时艰难创会的勇气、坚韧不拔的毅力、老而弥笃的善心、勤俭办事的作风、为民行善的精神永远为世人景仰。做一件好事不难，难在做一辈子好事，更别说是跨越几个朝代、历经 750 多年的善举。在古代那样的艰苦条件下，祖辈们是凭借着怎样的信念与组织精神完成了这场历时 750 多年的救生义举！体认先辈们给我们创造的幸福生活，作为新时代的高校教师，我们要从自身做起，团结在党中央的周围，做好本职工作，做到立德树人、“三全育人”。面对先辈们以善良人性传承，我们高校教师又能为国家、为学生做些什么？能为后人留下什么？

图 3-2 救生红船（藏于镇江救生会）

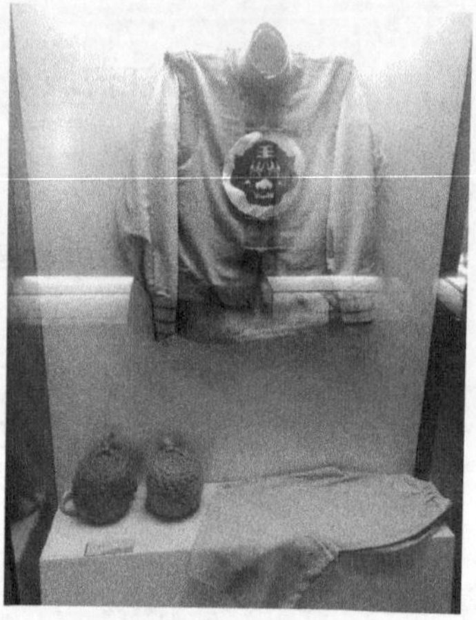

图 3-3 救生器材（藏于镇江救生会）

**（二）竞渡**

独木舟（图 3-4），出土于常州淹城遗址（该区域曾长期属于镇江辖区），距今约 2800 年。独木舟一般以整段楠木或柏木经过火烤斧凿工艺制成，属于西周晚期遗物，舟体分为梭形与敞尾形两类，共出土 4 条，其中 3 条保存较为完整。最初，“竞渡”之舟只是一般的小船。春秋战国时期，战事频仍，吴、越、楚三国地处江南水乡，水战是其征战的主要形式之一。镇江流域的居民因而也习于“以船为车，以楫为马”。

图 3-4 独木舟（藏于南京博物院）

## 二、大运河镇江流域军事体育

武术器械是军事体育的基础，其最初伴随着狩猎和战争的出现而发展，许多武术器械来源于古代的生产工具和兵器。

### （一）青铜矛

古代兵器矛，是用于冲刺的兵器，矛体分为身和骹两部分，锋分为前锋和两翼。

图 3-5 中 1 号、3 号矛是春秋时期的青铜菱形暗花纹矛，2 号矛是春秋时期的青铜波浪暗花纹矛，5 号矛是春秋时期的青铜刺矛，这组矛在 1987 年出土于镇江丹徒谏壁新竹青龙山。

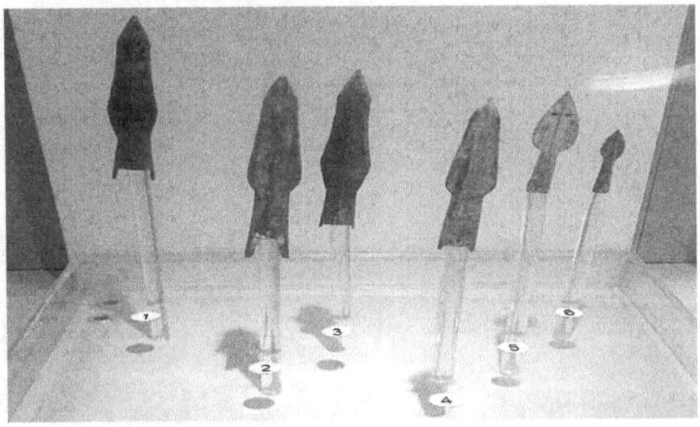

图 3-5　春秋青铜矛（藏于镇江博物馆）

图 3-6 所示西周青铜矛 1982 年出土于镇江丹徒大港母子墩西周墓。矛的结构示意图见图 3-7。

图 3-6　西周青铜矛（藏于镇江博物馆）

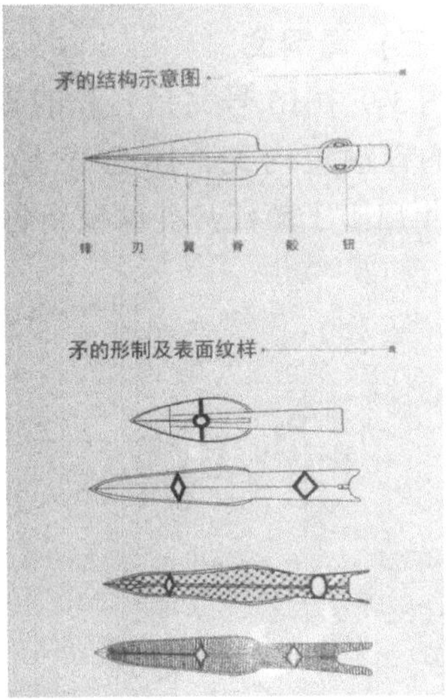


图 3-7　矛的结构示意图（镇江博物馆）

## （二）青铜剑

图 3-8 所示春秋青铜剑 1987 年出土于镇江丹徒谏壁新竹青龙山。

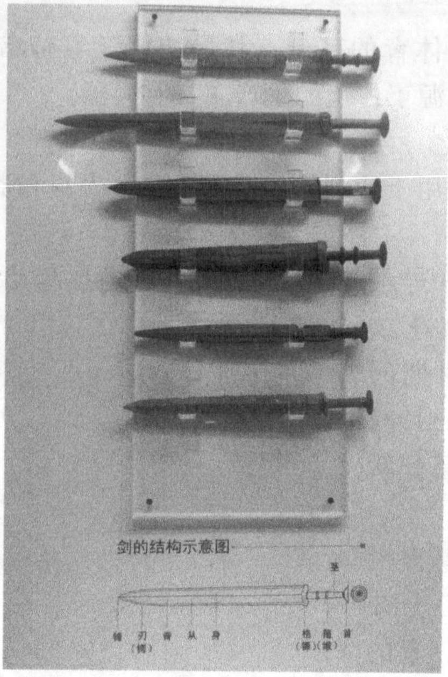


**图 3-8　春秋青铜剑（藏于镇江博物馆）**

## （三）青铜戈

图 3-9 中 15 号戈是春秋时期的青铜长援戈，16、17、19 号戈是春秋时期的青铜短内戈，18 号戈是春秋时期的青铜短援长内戈，这组戈在 1987 年出土于镇江丹徒谏壁新竹青龙山。戈的结构示意图见图 3-10。

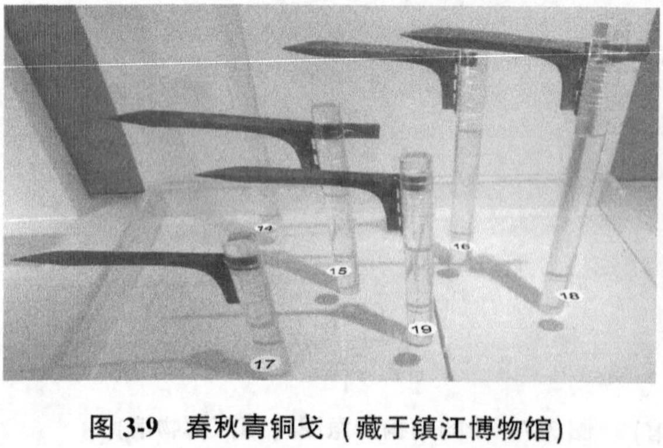


**图 3-9　春秋青铜戈（藏于镇江博物馆）**

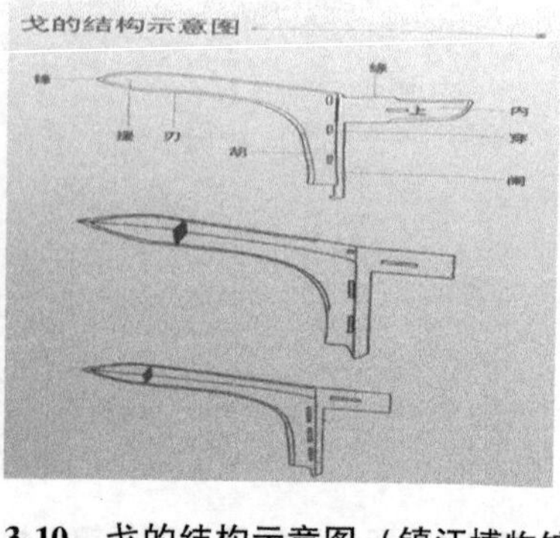


**图 3-10　戈的结构示意图（镇江博物馆）**

## （四）青铜戟

古代兵器戟，是戈和矛的合体，兼有戈用于钩、矛用于刺的两种作用。图 3-11 所示春秋青铜戟 1987 年出土于镇江丹徒谏壁新竹青龙山。

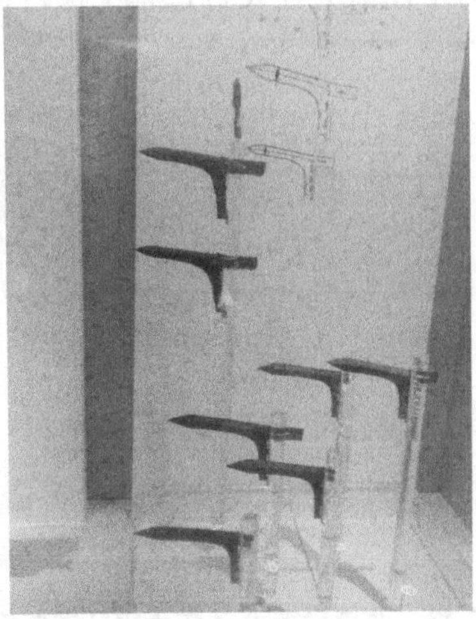

图 3-11　春秋青铜戟（藏于镇江博物馆）

## （五）青铜叉

青铜叉是古代的一种兵器。图 3-12 所示西周青铜叉 1982 年出土于镇江丹徒大港母子墩西周墓。

图 3-12　西周青铜叉（藏于镇江博物馆）

### （六）青铜镞

图 3-13 所示西周青铜镞 1982 年出土于镇江丹徒大港母子墩西周墓。箭镞又名箭簇，即金属箭头，古时有青铜质，后改进为铁质。箭由羽、稿（箭杆）、箭头组成。为了使箭矢在飞行过程中保持稳定，箭头嵌入箭杆有一段相当长的铤。

图 3-13　西周青铜镞（藏于镇江博物馆）

## 三、大运河镇江流域武艺武术

镇江瑞芝里非物质文化遗产太极拳分会基地是孙氏太极拳研究会会址所在地，见图 3-14。孙禄堂（图 3-15）是孙氏太极拳创始人，中国近代著名武学家。孙氏太极拳是孙禄堂集形意拳、八卦拳、太极拳之大成所创立的一门优秀拳种。民国时期，孙禄堂曾任（南京）中央国术馆武当门门长和（镇江）江苏省国术馆副馆长兼教务长，武功卓绝、修养极高，被武林界誉为“虎头少保”“天下第一手”。孙氏太极拳以涵养正气为宗旨，以拳与道合为最高境界。其特点是高架活步，进退相随，开合承接，虚实分明；其形如行云流水，绵绵不断；其势如长江大海，滔滔不绝。柔顺中和之至，刚猛整实之至，灵活巧变之至。孙氏太极拳集健身、养生、修性、防身于一体，是传统文化的精华，是人类生命健康的大智慧，具有极高的文化价值、历史价值和社会科学价值，影响深远，世代流传。孙禄堂编创了《形意拳学》《八卦拳学》《太极拳学》《八卦剑学》《拳意述真》等武学巨著，将武术上升为武学，开创了武学研究新纪元。

图 3-14　镇江瑞芝里非物质文化遗产太极拳分会基地

图 3-15　孙禄堂雕像

## 四、大运河镇江流域休闲健身活动

### （一）习射

射箭，历史悠久，源远流长。图 3-16 所示为清代扬州漆器：习射——连中三元。

图 3-16　清代扬州漆器：习射——连中三元（藏于南京博物院）

### （二）投壶

投壶，是一种由中国古代射箭演变而来

的活动。投壶人站在离壶一定距离的地方，把箭投向壶来计算筹（得分）的多少以决定胜负，如图 3-17 所示。

图 3-17　清代扬州漆器：投壶——平升三级（藏于南京博物院）

（三）御术

古代驾驭技术中包含许多御车运动的技术。使用车马，就必须掌握驾车驭马的本领，如图 3-18 和图 3-19 所示。

图 3-18　战国晚期青铜车（藏于南京博物院）

图 3-19　三彩骑马陶俑（藏于镇江博物馆）

（四）蹴鞠

图 3-20 所示为红陶胡人踏鼓蹴鞠像，于 1996 年在镇江五条街工地发掘出土。

除了上述的休闲健身活动，摔跤活动也可在镇江文物中一窥其貌。

1976 年与 1996 年，镇江市五条街小学一处宋代遗址先后出土了一批宋代泥塑童戏像（图 3-21），并发现了宋、元时期的泥塑手工坊遗址。出土的泥塑像，高 10 ~ 19 厘米，取当地的生泥捏塑，经过烧制，外施彩绘。泥塑像神态各异，把儿童的天真、幼稚、可爱，表现得惟妙惟肖，身后有的有“吴郡包成祖”“平江包成祖”“平江孙荣”等楷书阴文记载。吴郡、平江均为宋代苏州的别称，包成祖、孙荣应为捏塑名匠。宋代儿童游戏的场景在这组文物中生动地表现出来。据前人研究，这组文物表现的是儿童摔跤的情形。

图 3-20　红陶胡人踏鼓蹴鞠像（藏于镇江博物馆）

图 3-21　宋代泥塑童戏像（藏于镇江博物馆）

宋代孟元老《东京梦华录》记载，北宋东京汴梁（今河南开封）每逢七夕，街头“皆卖磨喝乐，乃小塑土偶耳”。小塑土偶即泥塑童像，由于各地方言不同，故称谓上有差别，有“土稚”“黄胖”“磨喝乐”等，都是指泥塑童像。宋代民间有一风俗，就是在案头陈设泥娃娃，蕴含着生一个胖小子延续香火的美好寓意。因此，各种稚拙朴实、天真无邪的泥塑像也多了起来。

## 第二节 “大运河镇江流域传统体育文化”数字化平台

### 一、构建互联网+“大运河镇江流域传统体育文化”数字化平台实现网络教学

“大运河镇江流域传统体育文化”数字化教学平台，是大学体育课程网络平台的重要部分。截至目前，笔者所在的江苏科技大学体育教学团队构建的“大运河镇江流域传统体育文化”数字化网络平台访问量已超30000人次。数字化网络平台具有较强的学术性和技术性，融合了体育学、网络信息科学学科，部署在江苏科技大学泛雅课堂上（课程网址：http://mooc1.chaoxing.com/course/91142031.html）。该平台满足了校内外人士学习大运河镇江流域传统体育文化的需求。

### 二、“大运河镇江流域传统体育文化”数字化平台应用推广价值

第一，系统整理了大运河镇江流域传统体育文化史料，深入探索镇江传统体育的历史演变，构建“大运河镇江流域传统体育文化+数字化”的传承创新路径。这将有助于将“文化强国、体育强国”的核心理念落实到大运河流域传统体育文化的建设与发展中，丰富相关理论研究。

第二，能与传统体育文化、大运河文化等研究形成互补，对相关的理论体系构建具有启发意义。

第三，有助于为镇江大运河文化带和大运河国家文化公园建设提供理论支持和策略指导。

第四，不但融合了江苏科技大学讲课比赛获奖教师的多媒体课件、教学计划、教学大纲、视频、教案、练习题、参考资料等，还融合了镇江传统体育的内容，并定期更新，指导不同人群对镇江传统体育文化进行学习，拓展了人们的学习时间和空间。

## 三、"大运河镇江流域传统体育文化"数字化平台导学步骤

（1）登录 https://mooc1.chaoxing.com/mycourse/teachercourse?moocId=91142031&clazzid=36579379&edit=true&v=0&cpi=0&pageHeader=0，出现如图 3-22 所示页面：

图 3-22 "大运河镇江流域传统体育文化"数字化平台登录页面

（2）点击"水上救生"，出现如图 3-23 所示页面：

图 3-23 "水上救生"页面

（3）点击“竞渡”，出现如图 3-24 所示页面：

图 3-24　“竞渡”页面

（4）点击“孙氏太极拳”，出现如图 3-25 所示页面：

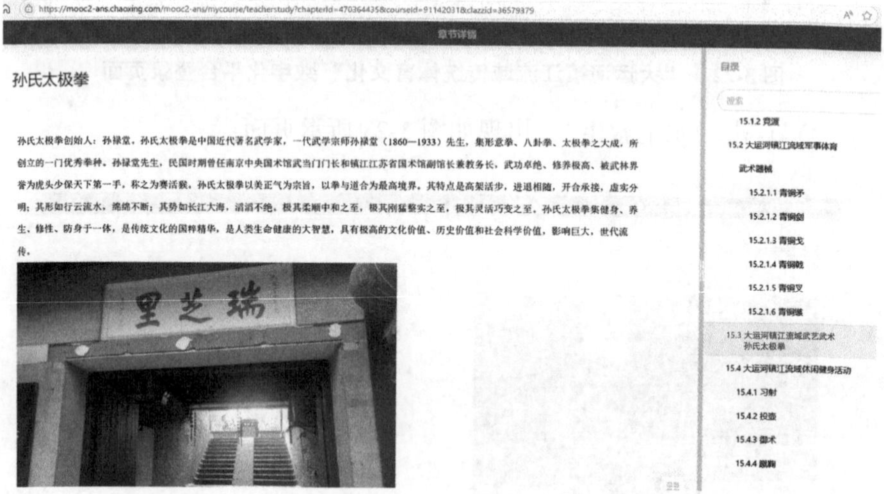


图 3-25　“孙氏太极拳”页面

（5）其他以此类推，按目录点击。

## 四、人工智能赋能传统体育与大运河的高质量融合发展

人工智能等高科技赋能传统体育与大运河的高质量融合发展。国内首部运河裸眼 3D 视频展示时，人们站在冰屏前，运河两岸的烟火气息仿佛触手可及，大运河的前世今生在此交融。运河人家、美食美景、千年文脉、河水悠悠，一切都是那么生动，让人沉浸其中。“全息 5G 大运河”利用人类视觉暂留（POV）技术原理，通过超高密度 LED 灯带旋转成像，实现全息视觉加强效应。

通过交互设备在虚拟环境中“参与”“沉浸”到传统体育和大运河的独特场景中，人们可体验到古代龙舟竞渡的惊险刺激，感受到大运河的雄伟浩大，也能够弥补很多人在现实环境中不敢参与龙舟竞渡和难以抵达波光粼粼的运河的遗憾，增强了龙舟竞渡的参与性、互动性与运河流水的“触摸性”。

# 第四章

# 镇江大运河文化带休闲旅游及传统体育现状与对策

# 第一节　镇江大运河文化带休闲旅游及传统体育建设研究

## 一、镇江大运河文化带休闲及传统体育锻炼相关统计情况

### （一）镇江大运河文化带城区段休闲锻炼地点分布

镇江大运河文化带城区段休闲锻炼地点包括京杭大运河江河交汇处、京口闸、上河桥、河滨公园、珍珠路健身路径、镇江市民体育公园、赛珍珠广场、虎踞桥、宝塔山公园、运河广场、京口区运河湿地保护小区、古运河步行道、丹徒闸、谏壁闸等（图 4-1）。

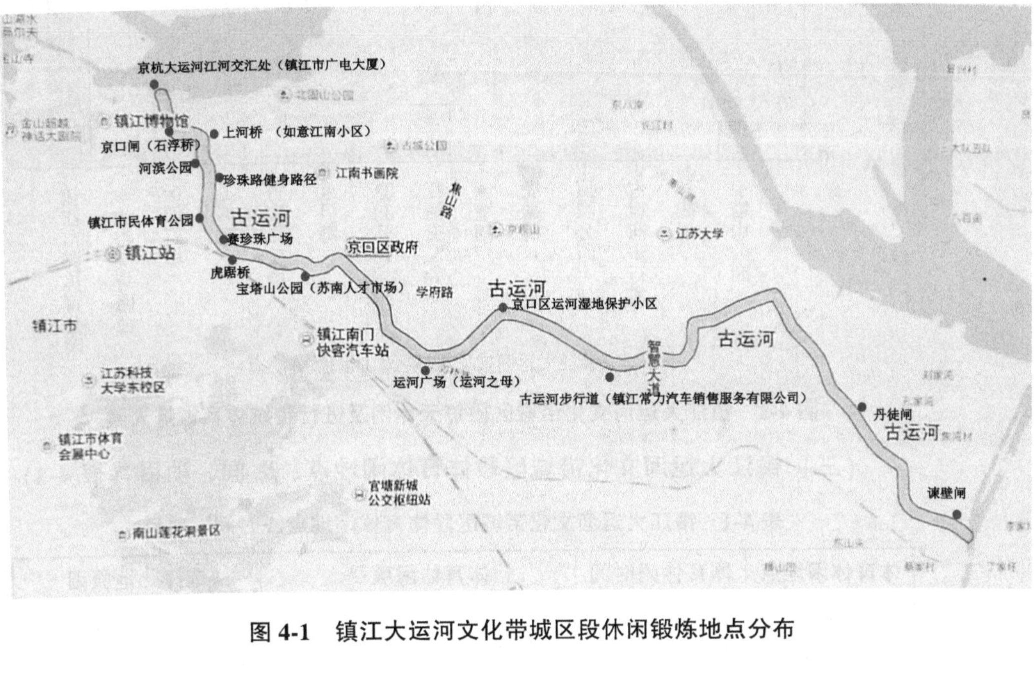


图 4-1　镇江大运河文化带城区段休闲锻炼地点分布

### （二）镇江大运河文化带城区段每天休闲及进行传统体育锻炼人数（图 4-2）

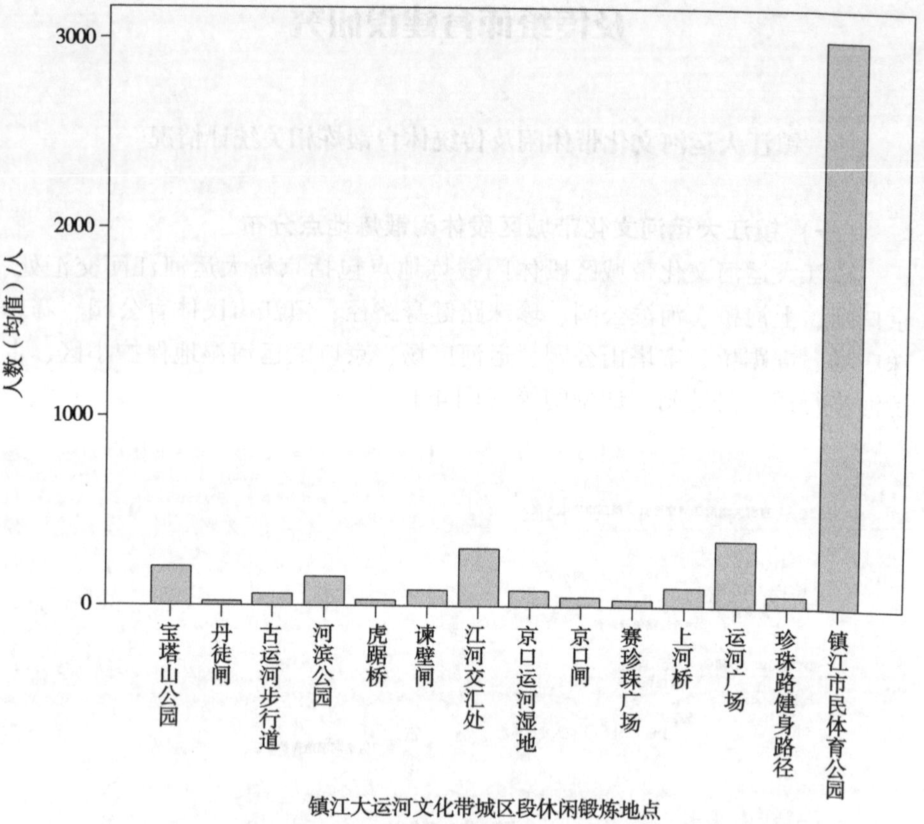


图 4-2　镇江大运河文化带城区段每天休闲及进行传统体育锻炼人数

### （三）镇江大运河文化带城区段体育休闲地点、时间、项目（表 4-1）

表 4-1　镇江大运河文化带城区段体育休闲地点、时间、项目

| 体育休闲地点 | 体育休闲时间 | 体育休闲项目 | 选择此地原因 |
|---|---|---|---|
| 京杭大运河江河交汇处 | 19:00—19:40<br>19:45—20:00 | 有氧健身操、广场舞 | 1. 雨天也可以锻炼<br>2. 灯光很好 |
| 京口闸 | 6:00—9:00<br>18:30—20:00 | 沿运河长廊步道散步 | 家离得近 |

续表

| 体育休闲地点 | 体育休闲时间 | 体育休闲项目 | 选择此地原因 |
|---|---|---|---|
| 上河桥 | 6:00—9:00<br>18:30—20:00 | 沿运河长廊步道散步 | 家离得近 |
| 河滨公园 | 6:00—9:00<br>18:30—20:00 | 健身操、乒乓球、健身器材、广场舞、交际舞、戏曲、健身气功、太极拳、太极剑 | 家离得近 |
| 珍珠路健身路径 | 6:00—9:00<br>18:30—20:00 | 器械：单杠、双杠等 | 家离得近 |
| 镇江市民体育公园 | 6:00—21:00 | 健身操、柔力球、乒乓球、健身器材、篮球、足球、跑步、健身走、广场舞、交际舞、健身气功、太极拳、太极剑 | 条件非常好，硬件一流：晚上灯光很亮；3个篮球场、2个足球场、4张乒乓球桌、2个游乐场 |
| 赛珍珠广场 | 6:00—9:00<br>18:30—20:00 | 健身操、健身器材、广场舞、交际舞、健身气功、太极拳、太极剑、扇子舞 | 家离得近 |
| 虎踞桥 | 18:30—20:00 | 广场舞 | 家离得近 |
| 宝塔山公园 | 6:00—9:00<br>18:30—20:00 | 健身操、健身器材、广场舞、交际舞、健身气功、太极拳、太极剑 | 家离得近 |
| 运河广场 | 18:30—20:00 | 柔力球、健身操、健身走、广场舞、交际舞、健身气功、太极拳、太极剑 | 1. 晚上灯光很亮<br>2. 家离得近<br>3. 夏天休闲纳凉 |
| 京口区运河湿地保护小区 | 6:00—9:00<br>18:30—20:00 | 健身走、健身气功、太极拳、太极剑 | 家离得近 |
| 古运河步行道 | 6:00—9:00<br>18:30—20:00 | 健身跑、健身走 | 家离得近 |
| 丹徒闸 | 6:00—17:00 | 垂钓* | 家离得近 |
| 谏壁闸 | 18:30—20:00 | 广场舞 | 家离得近 |

* 长江干流江苏段（含丹徒闸所在区域）自2020年7月22日起实施禁捕，禁止垂钓。

### （四）镇江大运河文化带城区段体育休闲及传统体育组织情况

镇江大运河文化带城区段各个体育休闲地点的每一个项目（特别是聚集在一起休闲锻炼的项目）都有一个领队组织锻炼。例如，运河广场的柔力球锻炼者在领队老师的组织下每年都可参加江苏省运动会、江苏省全民运动会、江苏省老年体协的柔力球比赛。

## 二、大运河流域镇江段体育休闲及传统体育锻炼效果分析

### （一）大运河流域镇江段运河休闲地健康价值分析

访问运河休闲地而带来的生活质量（Quality of Life，简称 QOL）改善涵盖了整个样本人群，纵轴表示生活质量的改善，以自我感知的个人福祉指数（Personal Well-being Index，简称 PWI）增加百分比表示；横轴表示样本总体的比例；条形图表示在 2019 年 12 个月内访问运河休闲地的次数（图 4-3）。对于较低的年访问频率（0～5 次）也用条形图上的数字表示。2019 年，有 30%的样本人群完全没去过休闲场地，因此 PWI 并没有改善。大部分样本人群 2019 年曾 1～5 次访问运河休闲地，自我感觉健康有了微小改善。很小一部分人群每月、每周甚至每天都访问了运河休闲地，PWI 改善高达 8%。

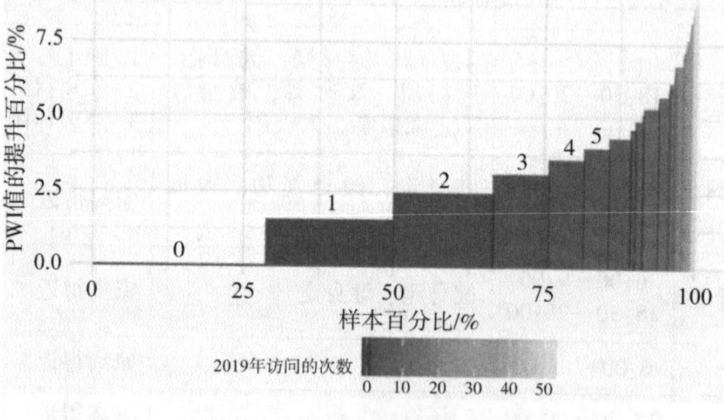


**图 4-3　访问运河休闲地而带来的生活质量改善分布情况**

本研究采访的运河体育休闲锻炼者都表示锻炼对身体好，令人心情愉快。其中年龄最大的 83 岁大爷几乎每天都坚持在运河边的河滨公园打乒

乒球。

### （二）大运河流域镇江段体育休闲及传统体育锻炼者心率分析

表4-2为大运河流域镇江段体育休闲及传统体育锻炼者锻炼前后心率描述。由表可知，测试的225名大运河流域镇江段体育锻炼者锻炼前心率均值为83.11，标准差为10.684；锻炼后心率均值为129.36，标准差为17.456。

表4-2 大运河流域镇江段体育休闲及传统体育锻炼者锻炼前后心率描述（$n=225$）

| 心率类型 | 均值（次/分钟） | 标准差 |
|---|---|---|
| 安静心率 | 83.11 | 10.684 |
| 运动后心率 | 129.36 | 17.456 |

## 三、镇江大运河文化带休闲旅游及传统体育建设成果体现

### （一）镇江逐步进入城市休闲化时期

当一个城市人均地区生产总值达到3000~5000美元时，就会逐步进入一个在居民消费方式、产业结构、城市功能、公共基础设施和生态环境等方面相继形成休闲化特点的发展时期。

镇江2018年人均地区生产总值为126906元（《镇江统计年鉴2019》），已经逐步进入城市休闲化时期。

### （二）百米《中国大运河史诗图卷》南京博物院开展，镇江元素占重要一席

2020年8月28日，由江苏省文化和旅游厅主办，南京博物院、江苏省国画院承办的《中国大运河史诗图卷》特展开幕式在南京博物院举行。长135米的画卷从时间、空间、文化等多个维度，把大运河全域散落分布的文化瑰宝串成“珍珠项链”，绘制出一幅当代的《清明上河图》。2014年被列入《世界遗产名录》的千年大运河是泱泱中华充盈的血脉，蕴含着中华民族悠远绵长的文化基因。

镇江作为大运河上的重要节点城市，金山、焦山和西津渡等著名休闲景点呈现在《中国大运河史诗图卷》上。

### （三）参展大运河博览会，镇江休闲旅游“跑起来”

第二届大运河文化旅游博览会在无锡举办。镇江参展大运河博览会，金

山、焦山、北固山三山景区，福地句容茅山，河豚之乡扬中，中国眼镜城丹阳等景点通过大运河博览会窗口宣传镇江，助力镇江休闲旅游“跑起来”。

### （四）大运河文创，镇江行动着

1. 开展社会教育活动，镇江博物馆组织大运河研学之旅

镇江博物馆积极组织社会教育活动，组织镇江市中小学生参观大运河镇江地标西津渡，用乐高搭建龙舟，并走出镇江参观总督漕运部院等，进行研学之旅，使得镇江中小学生可以近距离地感知中国大运河、感知大运河文化。

2. 开发大运河文创衍生产品

镇江大力开发大运河文创衍生产品，如大运河知识趣味棋、口袋书等。

### （五）开发旅游精品线路，组织镇江“古运河文博非遗之旅”

在2020年第二届大运河文化旅游博览会上，“千年兴衰：漕运文化——镇江、扬州、淮安四日游”线路获江苏大运河文化旅游精品线路之称。“古运河文博非遗之旅”以古运河文博非遗为文化内容，让游客去体验、感受大运河的历史文化。

### （六）发展体育旅游，打造“镇江航空体育节”

2016年10月16日，镇江市人民政府、国家体育总局航管中心、江苏省体育局、中国航空运动协会联合主办的首届江苏航空体育旅游季在镇江金山湖航空飞行营地华丽开幕。备受瞩目的首届江苏航空体育旅游季，以“健康体育，生态镇江”为主题，借助“体育+旅游”，依托镇江航空航天产业园、大路通用机场、江苏航空职业技术学院、天空联盟集团等优势资源，通过大型赛事、飞行表演、观光休闲、论坛交流、体验互动等形式，为全国航空体育爱好者和广大游客们打造为期3个月的集观赏性、体验性、实用性、趣味性于一体的体育旅游嘉年华，更好地满足大众休闲体育消费需求，培育体旅融合发展特色品牌，提升文化软实力和城市影响力。作为镇江首个航空体育旅游盛会，本届赛事内容丰富、观赏性强、参与广泛。活动期间，主办方举办中国国际飞行器设计挑战赛总决赛、2016年镇江国际马拉松赛、全国无人机应用创新技能大赛等“九项大赛”（包括5项国家级、1项省级、3项市级）；特技飞行、水上飞行、热气球飞行、跳伞等“八项表演”；全国学校科技体育工作论坛、全国航空飞行营地联盟成立大会等“四个大会”；全国百家旅行社和媒体镇江行、美丽镇江城

市毅行“两项行动”。这些活动为大众休闲旅游提供了更多消费选择，让广大航空体育爱好者在镇江放飞航空梦想。活动期间，镇江市成立首支特技飞行表演队，队员全部由飞行经验丰富的空军退役飞行员组成，努力将“镇江航空体育节”打造成一张独特的“空中名片”。

### （七）重视科研，成立镇江市大运河文化带建设研究中心

2018年12月27日下午，镇江市大运河文化带建设研究中心成立仪式在镇江市高等专科学校举行。时任镇江市委常委、宣传部部长孙晓南在成立仪式上讲话，孙部长从战略高度阐述了大运河文化带建设的时代背景和重大意义，分析了镇江市大运河文化带建设面临的新形势、新任务，并从切实担当起这项政治任务、把握好研究方向和重点、加强自身建设三个方面为研究中心下一步的工作指明方向、点出路径。

### （八）注重宣传，扩建镇江古运河历史文化展示室

镇江古运河历史文化展示室进行扩建，并更新了布展内容，展室面积100多平方米，设有17块展板，图片50余张。展览上篇为“源远流长古运河”，重点介绍古运河的概况及历史文化；下篇为“古河换新颜”，主要介绍近现代古运河整治过程与面貌。

目前，直播、3D、5G、VR等技术在大运河博览会中广泛运用，见图4-4和图4-5。线上线下“双展”，非遗大师、网红达人在直播非遗的同时还进行了直播售货。

图4-4　大运河裸眼3D沉浸式体验（运河之母）

图4-5　大运河非遗网红直播

从大运河博览会，人们可看到文旅休闲的新动向，大运河博览会撬动了消费链，博览会的影响力与刺激消费互促共振，文旅博览双双升温。

## 第二节　大运河流域镇江段文体旅一体化融合发展

大运河流域镇江段文体旅一体化融合发展是镇江市有关部门当前针对镇江大运河文化带休闲旅游及传统体育现状所采取的一项有效策略。

### 一、以体育促进文旅

体育促进旅游，旅游带动文创。相关部门可在运河广场设置运河长跑、运河骑行比赛以扩大影响。皮划艇水上项目可作为一个大的休闲娱乐项目应用到大运河文化与休闲旅游结合的实践当中，开展一系列的小型皮划艇竞赛，供游客娱乐身心。但是，开展此项目的前提是探索开发合适的运河水域，建立一套完备的安全防护系统。结合江苏科技大学体育学院的皮划艇专业优势，在运河上发展皮划艇运动对学校与镇江市政府来说，不仅可以利用运河的自然优势为皮划艇运动提供运动场地，还可以助力镇江市皮划艇事业走向专业化发展道路。对于打造镇江市运河风光带而言，皮划艇进入大运河无疑可以成为一种独特的文化，在供游客欣赏皮划艇运动的同时，还可以设置体验区让游客亲身体验皮划艇运动的魅力所在。此外，将在陆地盛行的定向越野比赛与皮划艇有机结合，定向越野运动的范围扩大至水中，可打造出一个综合型的体育运动项目。利用运河的水文化，政府可以扶持、建设皮划艇运动协会，在促进皮划艇运动发展的同时，打造生态运河皮划艇赛。

### 二、位列运河节点城市，展示镇江运河文化

镇江作为大运河上重要的节点城市，境内河段始于秦始皇派三千赭衣徒凿京岘山通丹徒水道，是京杭大运河最早开凿的河段之一。穿境而过的运河不仅促进了城市发展和经济繁荣，也为镇江塑造了独特的“京江文化”。国务院批准长三角区域规划，镇江市位列其中。长三角作为我国第

一个规划区域，承担着我国区域经济发展的试金石和引领者的角色。

镇江大运河两岸目前共有90余处文化遗产，包括大运河镇江段、宋元粮仓遗址、昭关石塔、镇江英国领事馆旧址等6处全国重点文物保护单位和冷遹旧居、新四军江南指挥部旧址、练湖闸等20余处市县级文物保护单位。不少文化遗迹具有珍贵的历史价值，如形态各异的虎踞桥与开泰桥等古桥展示着江河交汇文化。

## 三、宣扬谏壁闸过闸文化

宣扬谏壁闸过闸文化，感受水的落差，展示江南第一闸。谏壁闸有“江苏最美运河地标”之称，京杭大运河镇江段谏壁船闸镇江大运河服务区文化长廊再添新景，五幅巨型石雕壁画跃然墙上，展示着镇江运河的秀美风光、璀璨文化，从秦始皇开凿徒阳运河到历代镇江运河在航运、河工、水利方面的杰出成就，从明代独特的水绕城关盛景到京江画派笔下的城市山林，无一不展示着镇江运河深厚的文化底蕴。

## 四、挖掘整理大运河流域镇江段国家级、省级、市级非物质文化遗产并传承创新

挖掘整理大运河流域镇江段国家级、省级、市级非物质文化遗产并传承创新。政府作为非遗保护国家体系的创建者和领导者，主要职能是采取法律、行政、技术、财政等措施，构建一个非遗保护的大框架和大环境。学校作为非遗保护群体参与的重要阵地，同样在非遗的传播、培训和研究、创新方面发挥着重要作用，大批青少年的进入，现代文化理论和观念的介入，都为传统的文化遗产注入了新的活力，让它们进一步走进现代生活。

具有镇江特色的非遗舞龙舞狮、武术等项目进入校园，既能传承创新非物质文化遗产，还能让学生掌握运动技能、强身健体。

# 第五章

# 大运河镇江段村落传统体育助力乡村振兴

# 第一节 村落传统体育助力乡村振兴的背景

## 一、问题的提出

2022年，中央一号文件提出实施文化产业赋能乡村振兴计划。2020年11月13日，习近平总书记考察调研大运河扬州段三湾生态文化公园，指出："千百年来，运河滋养两岸城市和人民，是运河两岸人民的致富河、幸福河。"美丽乡村是美好社会的生动图景和小康中国的重要标志，乡村体育在美丽乡村建设进程中不可缺位。村落是"中国乡土社区的基本"，直接源于"中国农民聚村而居"。因此，调研大运河流域传统体育分布，创新传统体育助力美丽乡村建设的路径，与大运河文化形成互补，也是落实乡村振兴、文化强国、体育强国等国家战略的重要举措。

## 二、村落传统体育助力乡村发展振兴

国内外对传统体育单个项目文化、单个民族文化研究较多，但对大运河流域村落传统体育助力乡村振兴研究有待加强。运河文化的体育学研究需要得到更多关注，传统体育助力美丽乡村建设等实践研究薄弱。本调查为大运河镇江流域村落传统体育助力乡村振兴整体性研究、构建"大运河镇江流域传统体育+"的乡村多元传承创新路径、助力美丽乡村建设提供了新的探索方向。

## 三、文献回顾

### （一）传统体育文化研究

文化是人类创造的物质成就和精神成就的总和及其创造过程。传统体育文化研究主要有如下方面。湖南湘西苗族传统节庆体育活动；"一带一路"地段中新疆地区少数民族体育非遗保护与传承；黄河流域民间舞龙传承现状研究；传统体育文化的释义研究：传统体育是在古代产生并流传至今的体育活动（崔乐泉等，2020）①。

### （二）大运河流域传统体育文化传承研究

大运河流域传统体育文化传承的研究主要有：以运河城市扬州马拉松为例探索体育文化产业高质量发展；从体育的角度分析了京杭运河不同区段体育文化资源、特色和建设现状与存在的问题（张永虎，2018）②。

### （三）体育与乡村建设研究

在保护村落运动和振兴乡村体育的先行探索中，涌现了以村落体育带动乡村产业的“浙江宁海模式”和以龙舟赛事弘扬村民龙舟精神的“广东韶关模式”等典型案例。

## 四、研究目的

研究目的有二。一是调查并分析大运河镇江流域村落传统体育分布时，我们关注大运河镇江流域村落传统体育发展的影响因素，旨在构建“大运河镇江流域传统体育+”的乡村多元传承创新路径，服务美丽乡村建设。此举不仅有助于将“文化强国、体育强国”的核心理念融入大运河流域美丽乡村实践，也将对大运河镇江流域传统体育的理论研究作出贡献。二是村落传统体育文化与大运河文化等研究形成互补，对相应的理论体系构建有启发意义，同时可为镇江大运河文化带和乡村振兴建设提供策略指导。

## 五、研究角度与特色创新

### （一）传统体育产业特征

实践证明，科学运动是健康的良药。更多的人有了接触各种体育运动的渴望，科技的进步和互联网的不断发展，使得体育产业逐步崛起，获得更加新鲜的血液和生命力。而随着体育产业的进一步发展，当前体育产业逐渐出现了以下特征。

1. 全民性

体育参与门槛显著降低，正从专业化、小众化向全民化、普及化转

---

① 崔乐泉，张红霞．中华优秀传统体育文化的缘起与特征［J］．武汉体育学院学报，2020，54（7）：13.

② 张永虎．后申遗时代京杭运河体育文化资源现状与发展路径选择［J］．北京体育大学学报，2018，41（1）：43.

型。随着全民体育趋势的加强，越来越多的体育项目因大众对健康的追求而逐渐火热。例如，北京冬奥会的成功举办，使得三亿人参与冰雪项目，体育锻炼从少数化向全民化发展。

2. 扩展性

数字平台深刻改变了体育内容的传播与获取方式。近年来，许多传统行业，如体育、文娱等行业在数字娱乐平台成熟前，基本通过纸质平台传播，如今通过数字化方式，更多优质体育的内容被人们熟知，人们获取信息和知识的渠道变得更宽，越来越多的人会通过网络平台充实自己的娱乐生活。

3. 共享性

体育数字化极大提升了信息共享的便捷性与效率。优秀的传统体育文化和思想随时可以得到分享和传播，这也是体育产业迅速发展的主要推动力之一。

4. 广泛性

体育产业有了原始积累，形成了广泛的人才基础。与局限于某个方向上的传统产业不同，体育产业因其参与的扩展性和内容学习的全民性，直接跳过了一个产业最困难的人才积累阶段，拥有最广泛的人才优势。人们可以广泛地发展自己的体育兴趣和爱好，从而选择自己更加热爱的体育项目进行进一步的参与。

### （二）研究特色与创新

1. 学术思想特色与创新

本研究立足乡村振兴、体育强国、大运河文化带建设的战略背景，聚焦传统体育传承的新阶段和新要求，着力构建村落传统体育助力乡村振兴路径，开阔传统体育研究的学术思想。

2. 学术观点特色与创新

（1）大运河成就了各种文化交汇，其中必然也包括传统体育文化的缤纷融合。

（2）“千年运河实用退潮，体育文化审美登场”，传统体育固有的内涵、精神、记忆等文化审美功能获得了表现的可能，逐渐展现出独特而重要的历史文化价值。

3. 研究方法特色与创新

本研究引入社会学田野调查法，深入大运河镇江流域村落开展实地调研，获取一手资料，为探究传统体育助力乡村振兴的机制提供扎实的实证基础。

## 六、研究方案设计及实施

### （一）研究步骤

1. 文献研究

梳理相关文献，掌握现当代学者在传统体育方面的研究进展与研究深度，了解体育行业的相关信息，进一步明确调查目的，着重考察前人研究中还未完备的方面以确定调查范围和调查方案。

2. 专家访谈

对村落传统体育传承人进行专家访谈，提炼出重点信息，进而得出村落传统体育传承的现状。

3. 问卷设计与数据收集

通过线上线下相结合的方式来发放问卷，同时根据调查范围在每一个地区随机访问一些符合条件的村民的相关情况。为了使得调查结果更具信度和效度，研究中还对一些受调查者进行了电话访问，以便获得更加全面而准确的信息。

4. 数据处理与初步分析

回收了一定数量的问卷后，对获得的数据进行预处理，得出完整的可以进行分析的问卷数据集。面对该数据集，先通过描述性统计对情况进行大致的了解，例如频数、比例、因素之间的差异等，了解村落传统体育活动的状况，以及村落传统体育的传承情况，这为接下来选择最为合适和准确的模型奠定基础。

5. 模型分析与建议提出

使用美国顾客满意度（ACSI）模型及结构方程模型进行进一步的整理和分析，获取数据中更深层次的信息，同时结合相关传统体育参与人员及学者的建议为相关村落传统体育今后的发展和规划提供合理建议。

### （二）研究方案设计

1. 调查内容

村落传统体育开展现状、村落传统体育与乡村振兴关系、村落传统体育助力乡村振兴发展情况。

2. 调查方法与方式

1）调查方法

（1）问卷调查法。问卷调查法是统计学中较为重要的一种数据收集方式，也是市场调查所采取的主要调研方式。这一方法能够帮助我们有效收集真实可靠的第一手数据。

（2）专家访谈法。专家访谈法同样是统计学中较为重要的一种数据收集方式，也是市场调查的主要调研方式。这一方法同样能够帮助研究者有效收集真实可靠的第一手数据。调查村落传统体育传承现状和村落传统体育助力乡村振兴发展情况时，笔者所在团队便使用了此调研方法。

2）调查方式

因为调查的目标人群为村落传统体育参与人员，有的村落传统体育参与人员因为年龄偏大等原因，不会使用智能手机，因此问卷调查采用了线下问卷和线上问卷相结合的调查法，调查过程中通过问卷网调研平台进行问卷设计，通过微信、QQ、微博、贴吧等目标群体常用网站进行问卷发布。

3）抽样方案

抽样调查主要采用了方便抽样与分层抽样相结合的方式。即在调查前，估计出总体的性别、村落和年龄比例，然后根据村落类别比例进行分层抽样。

4）问卷设计

镇江市村落传统体育助力乡村振兴现状调查问卷分为以下四个部分。

（1）基本信息：包括所在地区、性别、年龄、最高学历、职业等，这是为了对访问群体进行一定的限制，便于后期筛选和分类。

（2）传统体育与乡村振兴的关系：从事何种传统体育项目；参与该项目多久了；每周参与传统体育的频率；参与传统体育项目的所在地区传统体育展示场合；促进乡村振兴各因素重要程度；传统体育助力乡村振兴的困境；为助力乡村振兴您认为传统体育可供渠道有哪些。

（3）① 传统体育发展情况个人层面：您对传统体育的热爱程度，对此项目进行评价；② 社会层面：所在地区开展传统体育项目活跃程度，所在地区景区传统体育表演开展程度；③ 学校层面：您对所在学校体育场地是否满意，对所在学校运动队在体育传统项目比赛获奖情况上是否满意，所在学校对传统体育教育是否重视；④ 政府层面：您所在地区各级政府对传统体育的重视程度，所在地区各级政府对传统体育的资金支持程度。

（4）① 乡村振兴发展情况文化层面：所在地区互联网对乡镇传统体育宣传的重要性；文化宣传对乡村传统体育发展的重要程度；所在地区传统体育非遗项目申报力度，对参与的传统体育项目评价；② 乡村振兴发展情况生态层面：您所在地区传统体育绿色产业发展程度。

5）最佳样本量的确定

先确定样本总量，以简单随机抽样的公式进行计算，仅作为后续进行分层抽样的参考标准。

考虑到本次问卷调查中需要对分类型变量进行调查，而对分类型变量的调查实际上就是考虑各种类别的比例关系，因此采取关于比例型变量的样本量确定公式：

$$N=\frac{Z^2[p(1-p)]}{d^2}$$

选定置信水平 $\alpha=95\%$，允许 5%的误差，同时由于影响因素较为复杂，事先缺乏对比例的估计，故采用保守估计法，取 $Z_{\alpha/2}=1.96$，$p=0.5$，$d=0.05$，计算得 $N\approx311$。

6）问卷设计难点及应对措施

（1）设计难点。① 问卷中的问题并不能很好地契合调查目的，或者尽管该问题具有调查价值，但与调查方向不符。② 问卷设计过程中很容易出现具有导向性的题目，若出现这种类型的问题，作答者的思维很容易被带偏。③ 问卷题目设置逻辑性不强，没有做到循序渐进。

（2）应对措施。为应对这些问题，研究中做出了相应的处理。例如，针对逻辑性不强、问卷题目思维混乱的问题，课题组乡村传统体育调查团队将题目分为 4 个模块：基本信息、传统体育与乡村振兴关系、传统体育发展情况以及乡村振兴发展情况调查。而传统体育与乡村振兴关系中又将内容细分为 8 点：从事何种传统体育项目；参与该项目有多久了；每周参与传统体育项目的频率；参与传统体育项目的所在地区传统体育展示场合；促进乡村振兴各因素重要程度；传统体育助力乡村振兴的困境；为助力乡村振兴您认为传统体育可供渠道有哪些。由此，问卷逻辑性更强，受调查者填写问卷时会有更清晰的思路和良好的感受。

### （三）质量控制

调查过程中的质量控制是至关重要的，其可以使得所获得的数据和信息更加真实有效。为此，研究中对调查过程进行了质量控制：现场对村落传统体育参与人员和管理人员进行问卷调查，以提高问卷的有效性。

### （四）数据分析采用的方法与模型

1. 交叉分析

交叉分析法又称立体分析法，是在纵向分析法和横向分析法的基础上，从交叉、立体的角度出发，由浅入深、由低级到高级的一种分析方法。它通常用于分析两个变量之间的关系，如各个报纸阅读对象和年龄之间的关系。实际使用中，通常把这个概念推广到行变量和列变量之间的关系。

2. 最大化差异度量

最大化差异度量（MaxDiff）是一种简单而强大的鉴别客户需求偏好工具，目前被广泛应用在市场调研领域。其做法是让受调查者从一组对象中指出能表明最大差异偏好的对象，如受试者需要在3~5个对象中指出“最好的”和“最差的”（或者“最重要的”和“最不重要的”等），这样可以使调查者更快速、更高效地获得所需要的成对比较信息，并通过问多个类似的问题，使得调查者获得的比较信息的测量误差更小。

3. Ridit 检验

Ridit 检验分析法是由布罗斯（Bross）在1985年提出的一种非参数检验方法，基本原理是：取一个样本数较多的组或将几组数据汇总成为参照组的样本结构，将原来各组响应数变换为参照得分——Ridit 得分，利用变换后的得分进行各处理组之间强弱的公平比较。本研究利用 Ridit 检验研究传统体育助力乡村振兴现阶段存在的问题是否会对传统体育热爱程度产生影响。

4. 满意度指数模型

ACSI 模型：出现于美国，该模型中包含有对用户满意度产生影响的感知质量、感知价值以及结果因素、顾客忠诚度等，通过这些因素，该模型形成了一个整体逻辑。ACSI 是非常有效的管理工具，它能够帮助企业与竞争对手比较，评估企业目前所处的竞争地位。其主要包括6个变量：顾客期望、感知质量、感知价值、顾客满意、顾客抱怨、顾客忠诚。上述变量的关系如图5-1所示。

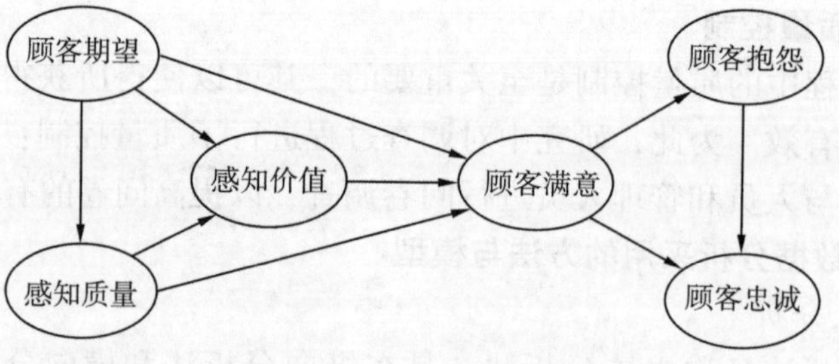


图 5-1 ACSI 模型

5. 结构方程模型

结构方程模型，即协方差结构模型，是一种融合了因素分析和路径分析的多元统计技术，用于研究变量间的因果关系或测试给定数据是否最适合该模型。该模型具有以下优点：① 同时处理多个因变量；② 容许自变量和因变量含测量误差；③ 同时估计因子结构和因子关系；④ 容许更大弹性的测量模型；⑤ 估计整个模型的拟合程度。

（五）调研安排

在前期准备和调研阶段，花费大量时间不断调整和修改方案；在设计问卷时，将村落传统体育开展现状各变量之间可能存在的关系等因素充分考虑在内；调研中，首先进行预调查，以便更准确地掌握信息，对问卷进行更精细的修改和补充。

## 第二节　村落传统体育助力乡村振兴的描述性统计分析

### 一、基于描述性统计的镇江村落传统体育助力乡村振兴现状分析

（一）地区结构

使用分层抽样方式收取了相应数量的问卷，共收回有效问卷 311 份。其中京口区约为 56%，丹徒区其次，约占 40%，其余镇江新区、润州区、丹阳市、扬中市、句容市样本比例分别约为 2%、0. 5%、0. 5%、0. 5% 和 0. 5%。

### （二）性别

在收取的问卷中，男性占比 62.38%，女性占比 37.62%。

### （三）年龄

在收取的问卷中，年龄 19 岁及以下占比 45.98%，20～29 岁占比 50.8%，30～49 岁占比 1.28%，50～59 岁占比 0.97%，60 岁及以上占比 0.97%。

### （四）学历

在收取的问卷中，初中及以下学历占比 57.15%，高中/中专/职校学历占比 33.15%，大学专科学历占比 6.14%，大学本科学历占比 3.56%，硕士及以上学历占比为 0。

### （五）职业

因为调查地区在村落，调查对象是村落传统体育参与者。其中，农林牧渔劳动者约占 90%，教师、普通职员、企业管理者、政府/机关干部/公务员、自由职业者、普通工人、商业服务业职工、退休人员等其他人数占比较少。

### （六）参与何种传统体育项目占比

统计发现，太极拳是调查对象最常参与的传统体育项目，样本中占比约 62%，八段锦其次，占比约 19%，跳绳、游泳样本比例分别占比约 16% 和 9%。

### （七）参与某项目时间

统计发现，参与传统体育项目的调查对象中，参与半年以内的占比 43.73%，参与半年至 1 年的占比 35.69%，参与 1 年至 3 年的占比 13.18%，参与 3 年以上的占比 7.40%。

### （八）每周参与传统体育的频率

统计发现，从不参与传统体育运动的占比 7.07%，每周 1 次的占比 61.74%，每周 2～3 次的占比 25.40%，每周 4～5 次的占比 1.61%，每周 5 次以上的占比 4.18%。

### （九）参与传统体育项目的目的

统计发现，参与传统体育运动为强身健体的占比 87.78%，为传承传统文化的占比 36.98%，为促进民族经济、表演宣传吸引游客、获得收入的分别占比 7.72%、6.75%、5.47%。

### （十）所在地区传统体育展示场合

所在地区传统体育展示场合中，各层次比赛、节假日庆祝活动各占42.77%，景区占24.44%，农民运动会占13.50%，宗祠祭祀占8.04%。

### （十一）促进乡村振兴各因素重要程度

文化振兴排名第一，其他依次是体育振兴（包括传统体育）、产业振兴、人才振兴、生态振兴、旅游等第三产业振兴、组织振兴。

### （十二）传统体育助力乡村振兴的困境

从困境严重程度来看，经费有限最严重，往下依次为参与人员活跃度低、缺乏教练指导、文化自觉性较弱、场地有限、参与人口老龄化、展示机会有限、政府支持力度较弱、现代化宣传手段不足。

### （十三）传统体育助力乡村振兴可供渠道

强身健体、提高生活质量、减少医疗开销是调研中助力乡村振兴选择的首位，占比约73%。旅游乡村项目表演、村镇企业产品推广也是助力乡村振兴的主要渠道，占比分别为68.81%和50.16%。

### （十四）所在地区传统体育非遗项目申报个数（图5-2）

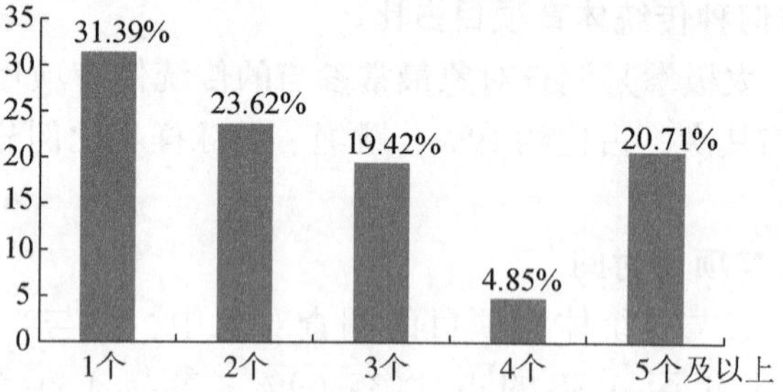


图5-2　所在地区传统体育非遗项目申报个数

### （十五）对传统体育的热爱程度

平均分3.81，标准差1.04，方差1.08，最小值1，最大值5。5分占31.19%，4分占29.90%，3分占30.55%，2分占5.14%，1分占3.22%。

### （十六）对参与的传统体育项目进行评价

平均分4.05，标准差0.91，方差0.83，最小值1，最大值5。5分占37.62%，4分占36.01%，3分占21.54%，2分占3.86%，1分占0.97%。

### （十七）所在地区开展传统体育项目活跃程度

平均分3.79，标准差0.99，方差0.97，最小值1，最大值5。5分占28.94%，4分占30.23%，3分占34.08%，2分占4.50%，1分占2.25%。

### （十八）所在地区景区传统体育表演开展程度

平均分 3.76，标准差 1.03，方差 1.06，最小值 1，最大值 5。5 分占 29.58%，4 分占 28.94%，3 分占 32.15%，2 分占 6.75%，1 分占 2.58%。

### （十九）对所在地区学校体育场地是否满意（表 5-1 和表 5-2）

表 5-1 特征数据

| 平均分 | 标准差 | 方差 | 最小值 | 最大值 | 样本量 |
|---|---|---|---|---|---|
| 3.91 | 0.97 | 0.94 | 1 | 5 | 311 |

表 5-2 基础数据

| 选项 | 回复情况 | 回复数量 |
|---|---|---|
| 1 分 | 1.92% | 6 |
| 2 分 | 3.86% | 12 |
| 3 分 | 28.62% | 89 |
| 4 分 | 32.48% | 101 |
| 5 分 | 33.12% | 103 |
| 总计 | 100.00% | 311 |

平均分 3.91，标准差 0.97，方差 0.94，最小值 1，最大值 5。5 分占 33.12%，4 分占 32.48%，3 分占 28.62%，2 分占 3.86%，1 分占 1.92%。

### （二十）对所在地区学校运动队在传统体育项目比赛获奖情况是否满意（图 5-3）

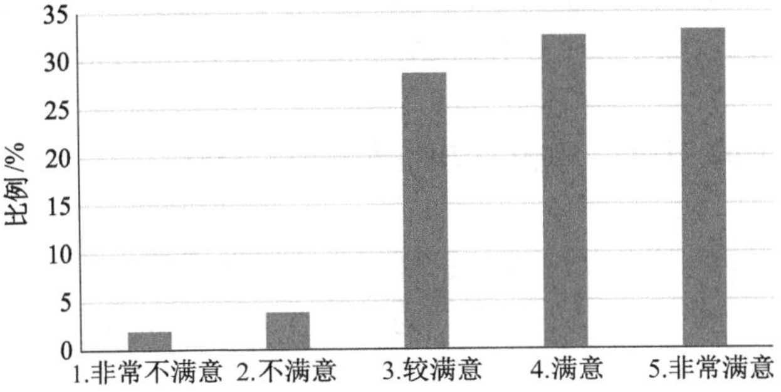


图 5-3 对所在地区学校运动队在体育传统项目比赛获奖情况的满意度

### （二十一）所在地区学校对传统体育教育重视程度

平均分3.94，标准差0.96，方差0.93，最小值1，最大值5。5分占33.44%，4分占34.73%，3分占26.37%，2分占3.22%，1分占2.24%。

### （二十二）所在地区体育基础设施建设完善程度

平均分3.88，标准差0.97，方差0.94，最小值1，最大值5。5分占32.15%，4分占32.15%，3分占29.58%，2分占4.18%，1分占1.94%。

### （二十三）所在地区各级政府对传统体育的资金支持程度

所在地区各级政府对传统体育的资金支持程度，5万元以上/年占26.05%，1万元~5万元/年占18.65%，0.5万元~1万元/年占24.76%，0.1万元~0.5万元/年占17.68%，0.1万元以下/年占12.86%。

### （二十四）所在地区互联网对乡镇宣传的重要性

平均分3.92，标准差0.99，方差0.98，最小值1，最大值5。5分占33.12%，4分占35.37%，3分占25.40%，2分占2.98%，1分占3.13%。

### （二十五）文化宣传对乡村发展的重要程度

平均分4.10，标准差0.85，方差0.73，最小值1，最大值5。5分占38.91%，4分占34.73%，3分占24.12%，2分占1.93%，1分占0.31%。

### （二十六）所在地区传统体育非遗项目申报力度

平均分3.98，标准差0.92，方差0.84，最小值1，最大值5。5分占34.73%，4分占33.76%，3分占27.65%，2分占2.57%，1分占1.29%。

### （二十七）对参与的传统体育项目评价

平均分4.02，标准差0.90，方差0.81，最小值1，最大值5。5分占36.01%，4分占34.08%，3分占26.37%，2分占2.57%，1分占0.97%。

### （二十八）所在地区传统体育绿色产业发展程度

平均分3.71，标准差1.14，方差1.31，最小值1，最大值5。5分占28.30%，4分占33.12%，3分占27.33%，2分占3.54%，1分占7.71%。

## 二、基于词云图的传统体育项目参与现状分析

为分析现阶段人们更多地接触哪些传统体育项目，基于问卷数据，对多项数据进行分析，将调查对象参与过的体育项目做成词云图进行分析，如图5-4所示。

图 5-4　传统体育项目参与现状的词云图

通过分析上面的词云图可知，太极拳受众面最广，其次是八段锦、跳绳，相较而言，跳索、投石、捶丸、导引、双推车等传统体育项目在此次的调研中受众面相对较窄。

## 三、交叉分析

使用 SPSS 软件对调查对象参与传统体育的情况进行交叉分析，结果如下。

### (一) 年龄与参加运动频率（表 5-3）

表 5-3　年龄与参加运动频率交叉表

| 题目 | 频次 | 年龄 | | | | | 总计 |
|---|---|---|---|---|---|---|---|
| | | 19 岁及以下 | 20~29 岁 | 30~49 岁 | 50~59 岁 | 60 岁及以上 | |
| 您每周参与传统体育的频率 | 1 次 | 90(46.90%) | 97(50.50%) | 2(1.00%) | 3(1.050%) | 2(1.00%) | 194 |
| | 2~3 次 | 33(42.30%) | 44(56.40%) | 1(1.30%) | 0(0.00%) | 0(0.00%) | 78 |
| | 4~5 次 | 3(60.00%) | 2(40.00%) | 0(0.00%) | 0(0.00%) | 0(0.00%) | 5 |
| | 5 次以上 | 7(53.80%) | 5(38.50%) | 1(7.70%) | 0(0.00%) | 0(0.00%) | 13 |
| | — | 10(47.60%) | 10(47.60%) | 0(0.00%) | 0(0.00%) | 1(4.80%) | 21 |
| 总计 | | 143 | 158 | 4 | 3 | 3 | 311 |

卡方检验结果如表5-4所示：

**表5-4 年龄与参加运动频率卡方检验结果**

| 项目 | 值 | df | 渐进 Sig.（双侧） |
|---|---|---|---|
| Pearson 卡方 | 17.844 | 20 | 0.598 |
| 有效案例中的 $N$ | 311 | | |

表中的 $p$ 值大于0.05，因此年龄与参加传统体育的频率无关。

### （二）职业与参加项目时长（表5-5）

**表5-5 职业与参加项目时长交叉表**

| 题目 | 时长 | 您的职业 | | | | 总计 |
|---|---|---|---|---|---|---|
| | | 企业管理者 | 教师 | 在校学生 | 农林牧渔劳动者 | |
| 您参与该项目多久了 | 3年以上 | 1(4.30%) | 1(4.30%) | 1(4.30%) | 20(87.00%) | 23 |
| | 1年~3年 | 0(0.00%) | 0(0.00%) | 0(0.00%) | 41(100.00%) | 41 |
| | 半年~1年 | 0(0.00%) | 0(0.00%) | 0(0.00%) | 111(100.00%) | 111 |
| | 半年以内 | 0(0.00%) | 0(0.00%) | 0(0.00%) | 136(100.00%) | 136 |
| 总计 | | 1 | 1 | 1 | 308 | 311 |

卡方检验如表5-6所示：

**表5-6 职业与参加项目时长交叉表**

| 项目 | 值 | df | 渐进 Sig.（双侧） |
|---|---|---|---|
| Pearson 卡方 | 37.931 | 9 | 0.179 |
| 有效案例中的 $N$ | 311 | | |

表中的 $p$ 值大于0.05，因此职业与参与项目时长无关。

### （三）性别与参加频率（表5-7）

**表5-7 性别与参加频率交叉表**

| 题目 | 频次 | 性别 | | 总计 |
|---|---|---|---|---|
| | | 男 | 女 | |
| 您每周参与传统体育的频率 | 1次 | 113（58.90%） | 79（41.10%） | 192 |
| | 2~3次 | 52（65.80%） | 27（34.20%） | 79 |

续表

| 题目 | 频次 | 性别 | | 总计 |
|---|---|---|---|---|
| | | 男 | 女 | |
| 您每周参与传统体育的频率 | 4 次 | 5（100.00%） | 0（0.00%） | 5 |
| | 5 次 | 11（84.60%） | 2（15.40%） | 13 |
| | 6 次及以上 | 13（59.10%） | 9（40.90%） | 22 |
| 总计 | | 194 | 117 | 311 |

卡方检验如表 5-8 所示：

**表 5-8 职业与参加项目时长卡方检验结果**

| 项目 | 值 | df | 渐进 Sig.（双侧） |
|---|---|---|---|
| Pearson 卡方 | 7.272 | 4 | 0.122 |
| 有效案例中的 $N$ | 311 | | |

$p$ 值大于 0.05，因此性别与每周参加频率无关。

### （四）性别与参加时长（表 5-9）

**表 5-9 性别与参加时长交叉表**

| 题目 | 时长 | 性别 | | 总计 |
|---|---|---|---|---|
| | | 男 | 女 | |
| 您参与该项目多久了 | 3 年以上 | 19（82.60%） | 4（17.40%） | 23 |
| | 1 年~3 年 | 27（65.90%） | 14（34.10%） | 41 |
| | 半年~1 年 | 63（56.80%） | 48（43.20%） | 111 |
| | 半年以内 | 85（62.50%） | 51（37.50%） | 136 |
| 总计 | | 194 | 117 | 311 |

性别与参加时长卡方检验结果如表 5-10 所示：

**表 5-10 性别与参加时长卡方检验结果**

| 项目 | 值 | df | 渐进 Sig.（双侧） |
|---|---|---|---|
| Pearson 卡方 | 5.718 | 3 | 0.126 |
| 有效案例中的 $N$ | 311 | | |

表中的 $p$ 值大于 0.05，因此性别与参加时长无关。

### （五）基于最大化差异度量的乡村振兴的影响因素分析

使用 SPSS 软件对促进乡村振兴的影响因素进行最大化差异度量，计算结果如下：

文化振兴的偏好份额为 37.036%，体育振兴（包括传统体育）的偏好份额为 16.46%，产业振兴的偏好份额为 11.742%，人才振兴的偏好份额为 12.522%，生态振兴的偏好份额为 9.867%，旅游等第三产业振兴的偏好份额为 8.16%，组织振兴的偏好份额为 4.213%；这说明对于促进乡村振兴的影响因素最看重属性文化振兴，最不看重属性组织振兴。总体来说，调查对象倾向将文化振兴、体育振兴、产业振兴、人才振兴放在较为重要的位置，将生态振兴、旅游等第三产业振兴、组织振兴放在较为次要的位置。

### （六）基于 Ridit 检验的乡村振兴现阶段存在的问题分析

为了研究传统体育助力乡村振兴现阶段存在的问题是否会对传统体育热爱程度产生影响，本研究选择 Ridit 检验法进行分析。如果传统体育助力乡村振兴现阶段困境会对传统体育热爱程度产生不同程度的影响，则需找出具体哪一方面影响程度大，以便后续针对性地改善。

本部分从多选题中整理选项，得到 1330 条数据，分析分类变量传统体育助力乡村振兴的困境与有序定类变量对于传统体育的热爱程度之间是否存在显著性差异。其中，问卷中可供调查对象选择的传统体育助力乡村振兴现阶段存在的问题有：参与人口老龄化、参与人员活跃度低、场地有限、展示机会有限、政府支持力度较弱、文化自觉性较弱、现代化宣传手段不足、经费有限、缺乏教练指导。对传统体育热爱程度分为 5 个等级，依次为：非常热爱、热爱、一般、不热爱、非常不热爱。

为了研究传统体育助力乡村振兴现阶段存在的问题对传统体育热爱程度产生影响的差异，本研究选择 Ridit 进行检验，得到如下结果：

$p=0.86>0.05$，接受原假设，说明传统体育助力乡村振兴现阶段存在的问题对传统体育热爱程度产生的影响不存在差异性，从平均 Ridit 值也可以得知传统体育助力乡村振兴现阶段存在的问题对传统体育热爱程度产生的影响没有显著的差异性，说明传统体育助力乡村振兴现阶段存在的问题均会对传统体育热爱程度产生影响，为了进一步比较各个因素的影响程度，做出 Ridit 值箱线图，如图 5-5 所示：

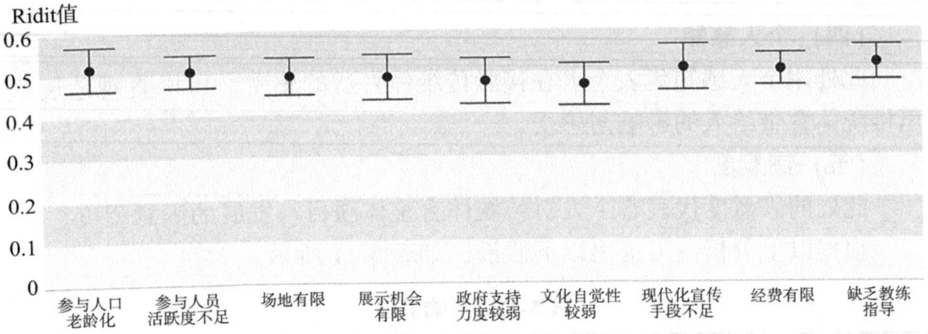


图 5-5 传统体育助力乡村振兴现阶段存在的问题对传统体育热爱程度的影响程度

分析上图，可以发现影响对传统体育热爱程度的首要因素是缺乏教练指导、参与人口老龄化和现代化宣传手段不足，其次是参与人员活跃度低、经费有限，其他因素对传统体育热爱程度产生的影响程度相近。

## 第三节 基于结构方程模型的满意度分析

### 一、理论分析与研究假设

#### （一）政府支持

政府支持是传统体育发展的有力保障，要充分发挥政府职能部门的主导作用，统筹调动各方面的力量，形成合力，共同推动传统体育的全面发展；充分利用传统体育的多元价值，服务国家经济、政治、文化、社会和生态建设，全面推进乡村振兴战略、区域协调发展战略和体育强国战略的实施。

#### （二）社会支持

传统体育项目往往具有较强的地域性，普及程度和受欢迎程度也各不相同。因此，要加强系统性搜寻、整理、开发，挖掘更多适宜开展的项目，深入挖掘其文化内涵。这就需要所在地区组织起来，通过策划社会性的项目带动更多人加入传统体育，激发他们的习练热情。

#### （三）文化层面

想要扩大传统体育的受众面，就需要加强文化层面的工作，如宣传工作，形成重视传统体育事业的舆论导向，增强在体育工作中落实党和国家民族政策的意识，提高对民族传统体育事业的重视程度。

### （四）个人感知

此处用个人感知代表个人在接触传统体育后的感受，可以直观地展现出传统体育带给人的影响与感受。

### （五）满意度

此处的满意度代表着个人对传统体育整体项目与发展的满意程度。

根据以上分析，可提出以下假设，如表 5-11 所示。

**表 5-11　影响假设**

| 假设 | 内容 |
|---|---|
| H1 | 政府支持对社会支持有显著的正向影响 |
| H2 | 政府支持对文化层面有显著的正向影响 |
| H3 | 政府支持对个人感知有显著的正向影响 |
| H4 | 社会支持对个人感知有显著的正向影响 |
| H5 | 文化层面对个人感知有显著的正向影响 |
| H6 | 个人感知对满意度有显著的正向影响 |

## 二、模型的构建

### （一）观测变量的设置

问卷设计质量的信度检验指的是对问卷测量结果准确性的分析，即对设计的问卷在多次重复使用下得到的数据结果的精确性和可靠性进行检验，信度分析可以反映被测特征的真实程度。这里采用 Cronbach's $\alpha$ 信度测量问卷项目的内在一致性系数，结果如表 5-12 所示：

**表 5-12　对问卷测量结果准确性的分析**

| 潜变量 | 观测变量 | Cronbach's $\alpha$ 值 | 总体信度 |
|---|---|---|---|
| 政府支持 | 1. 基础设施建设完善程度 | 0.906 | 0.928 |
| | 2. 各级政府对传统体育的资金支持程度 | 0.360 | |
| 社会支持 | 1. 地区开展传统体育项目活跃程度 | 0.954 | |
| | 2. 地区景区传统体育表演开展程度 | 0.903 | |
| 文化层面 | 1. 互联网对乡镇宣传的重要性 | 0.800 | |
| | 2. 文化宣传对乡村发展的重要性 | 0.833 | |
| | 3. 传统体育非遗项目的申报力度 | 0.925 | |

续表

| 潜变量 | 观测变量 | Cronbach's α 值 | 总体信度 |
| --- | --- | --- | --- |
| 个人感知 | 1. 对传统体育的热爱程度 | 0.695 | 0.928 |
| | 2. 对传统体育的评价 | 0.739 | |
| 满意度 | 1. 对传统体育助力乡村振兴的满意度 | 0.922 | |
| | 2. 对所在地区传统体育绿色产业发展的满意度 | 0.486 | |

从表 5-12 可知，信度系数值大于 0.7，说明研究数据信度质量很好。

### （二）构建模型

基于以上分析，构建如下的结构方程模型框架，如图 5-6 所示：

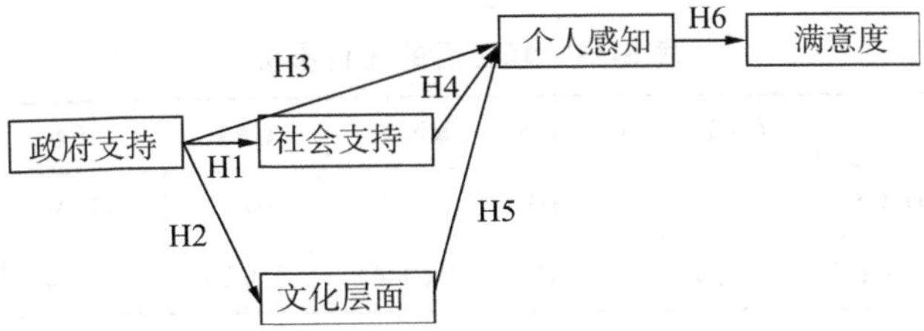


图 5-6 结构方程模型框架

### （三）模型的拟合与修正

基于极大似然法对构建的模型进行拟合与估计，模型的拟合与修正检验如表 5-13 所示：

表 5-13 模型的拟合与修正检验表

| Factor（潜变量） | → | 分析项（显变量） | 非标准化系数 | 标准化系数 | 标准误差 | Z | p |
| --- | --- | --- | --- | --- | --- | --- | --- |
| 政府支持 | → | 社会支持 | 0.895 | 0.842 | 0.052 | 17.360 | 0.000*** |
| 政府支持 | → | 文化层面 | 0.793 | 0.885 | 0.053 | 14.856 | 0.000*** |
| 个人感知 | → | 满意度 | 1.152 | 1.000 | 0.075 | 15.426 | 0.000*** |
| 政府支持 | → | 个人感知 | −0.062 | −0.076 | 0.096 | −0.643 | 0.520 |
| 社会支持 | → | 个人感知 | 0.164 | 0.214 | 0.048 | 3.405 | 0.001*** |
| 文化层面 | → | 个人感知 | 0.820 | 0.900 | 0.100 | 8.178 | 0.000*** |

注：***、**、* 分别代表 1%、5%、10%的显著性水平。

由模型路径系数表可知：基于配对项政府支持→个人感知，显著性 $p$ 值为 0.520，水平上不呈现显著性，则不能拒绝原假设，因此此路径无效。模型统计参数如表 5-14 所示：

**表 5-14　统计参数**

| 统计量 | $p$ | GFI | RMSEA | RMR | CFI | NFI | NNFI |
|---|---|---|---|---|---|---|---|
| 标准 | >0.05 | >0.9 | <0.10 | <0.05 | >0.9 | >0.9 | >0.9 |
| 拟合值 | 0.000*** | 0.914 | 0.131 | 0.172 | 0.926 | 0.914 | 0.892 |

注：***、**、*分别代表1%、5%、10%的显著性水平。

去掉一条路径之后，在 5%的显著性水平下，剩余 4 条路径均显著。模型修正后的统计参数如表 5-15 所示：

**表 5-15　修正后的统计参数**

| 统计量 | $p$ | GFI | RMSEA | RMR | CFI | NFI | NNFI |
|---|---|---|---|---|---|---|---|
| 标准 | >0.05 | >0.9 | <0.10 | <0.05 | >0.9 | >0.9 | >0.9 |
| 拟合值 | 0.061 | 0.913 | 0.031 | 0.046 | 0.926 | 0.914 | 0.902 |

注：***、**、*分别代表1%、5%、10%的显著性水平。

根据模型拟合与检验结果可知，修正后的模型即为最终模型，结构方程模型的结果如图 5-7 所示：

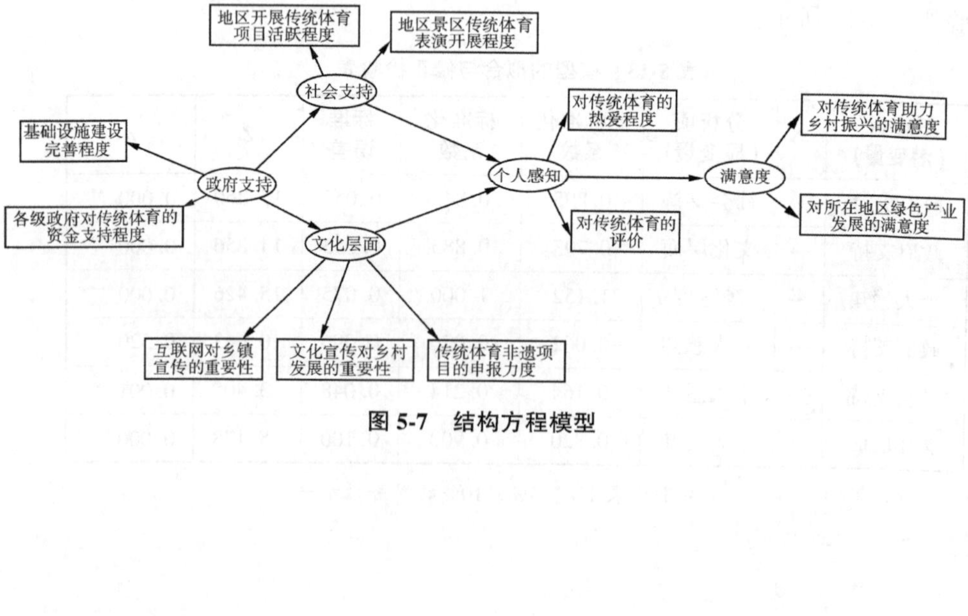


**图 5-7　结构方程模型**

### （四）模型的结果与解释

1. 潜变量之间的关系

（1）政府支持对社会支持和文化层面产生较为显著的正向影响，路径系数分别为0.842、0.885，其中政府支持对文化层面产生的直接影响效果更大。这也表明政府支持每提高1个单位，消费心理水平提高0.883个单位。

（2）社会支持和文化层面对个人感知产生较为显著的正向影响，路径系数分别为0.214、0.900，其中文化层面对个人感知会产生更大的影响。个人感知直接影响满意度。

2. 潜变量与观测变量之间的关系

（1）对于政府支持而言，“基础设施完善程度”和“各级政府对传统体育的资金支持程度”的路径系数分别为0.906、0.360，说明基础设施完善程度为主要影响因素。

（2）对于社会支持而言，“地区开展传统体育项目活跃程度”和“地区景区传统体育表演开展程度”的路径系数分别为0.954、0.903，说明地区景区传统体育项目活跃程度是主要影响因素。

（3）对于文化层面而言，“互联网对乡镇宣传的重要性”“文化宣传对乡村发展的重要性”“传统体育非遗项目的申报力度”的路径系数为0.800、0.833、0.925，说明传统体育非遗项目的申报力度是主要影响因素。

（4）对于个人感知而言，“对传统体育的热爱程度”和“对传统体育的评价”的路径系数分别为0.695、0.739，说明对传统体育的评价是主要影响因素。

（5）对于满意度而言，“对传统体育助力乡村振兴的满意度”与“对所在地区绿色产业发展的满意度”的路径系数分别为0.922、0.486，说明对传统体育助力乡村振兴的满意度是主要影响因素。

## 第四节 小 结

### （一）基于描述性统计的镇江村落传统体育助力乡村振兴现状分析

（1）使用分层抽样收集了相应数量的镇江村落传统体育助力乡村振兴问卷，共收回有效问卷311份。其中男性占比62.38%，女性占比

37.62%。初中及以下学历占比57.15%。调查地区在村落，调查对象以村落传统体育参与者为主，农林牧渔劳动者约占90%。

（2）统计发现，太极拳是调查对象最常参与的传统体育项目，占比约62%，八段锦其次，约占19%，跳绳、游泳的样本比例分别约占16%和9%。在参与传统体育项目的调查对象中，参与半年以内的人员最多占43.73%。每周参与传统体育的频率统计中，每周1次的最多，占比61.74%，每周5次以上的占比4.18%，从不参与传统体育运动的占比7.07%。参与传统体育项目的目的统计中，参与传统体育运动为强身健体的最多，占比87.78%。所在地区传统体育展示场合中，各层次比赛、节假日庆祝活动各占比42.77%，景区占比24.44%，农民运动会占比13.50%，宗祠祭祀占比8.04%。

（3）促进乡村振兴各因素重要程度中，文化振兴排名第一，其次是体育振兴（包括传统体育）。传统体育促进乡村振兴从困境严重程度来看，经费有限最严重，往下依次为参与人员活跃度低、缺乏教练指导。传统体育助力乡村振兴可供渠道中，强身健体、提高生活质量、减少医疗开销是调研中助力乡村振兴的首位，占比约73%。对传统体育的热爱程度特别喜欢占比31.19%。所在地区开展传统体育项目活跃程度特别积极占比28.94%。所在地区景区传统体育表演开展程度特别活跃占比29.58%。所在地区学校比体育场地特别满意占比33.12%。所在地区学校对传统体育教育特别重视占比33.44%。所在地区体育基础设施建设特别完善占比32.15%。所在地区各级政府对传统体育的资金支持程度，5万元以上/年占比26.05%，0.1万元以下/年占比12.86%。所在地区互联网对乡镇的宣传特别好的占比33.12%。所在地区传统体育非遗项目申报力度特别大的占比34.73%。

### （二）通过将调查对象参与过的体育项目做成词云图进行分析

太极拳受众面最广，其次是八段锦、跳绳，相较而言，跳索、投石、捶丸、导引、双推车等传统体育项目在此次的调研中受众面相对较窄。

### （三）使用SPSS软件对村民参与传统体育的情况进行交叉分析

年龄与参加传统体育的频率无关；职业与参与项目的时长无关；性别与每周参加的频率无关；性别与参加的时长无关。

### （四）对通过基于最大化差异度量的乡村振兴的影响因素进行分析

文化振兴的偏好份额为37.036%，体育振兴（包括传统体育振兴）

的偏好份额为 16.46%，产业振兴的偏好份额为 11.742%，组织振兴的偏好份额为 4.212%；调查对象倾向将文化振兴、体育振兴、产业振兴、人才振兴放在较为重要的位置，将生态振兴、旅游等第三产业振兴、组织振兴放在较为次要的位置。

### （五）对基于 Ridit 检验的乡村振兴现阶段存在的问题分析

传统体育助力乡村振兴现阶段存在的问题对传统体育热爱程度产生的影响不存在差异性，从平均 Ridit 值也可以得知，传统体育助力乡村振兴现阶段存在的问题对于传统体育热爱程度产生的影响没有显著的差异性，说明传统体育助力乡村振兴现阶段存在的问题均会对传统体育热爱程度产生影响。

### （六）基于结构方程模型的满意度分析

1. 潜变量之间的关系

（1）政府支持对社会支持和文化层面产生较为显著的正向影响，政府支持对文化层面产生的直接影响效果更大。

（2）社会支持和文化层面对个人感知产生较为显著的正向影响，文化层面对个人感知会产生更大的影响。个人感知直接影响满意度。

2. 潜变量与观测变量之间的关系

（1）对于政府支持而言，基础设施完善程度为主要影响因素。

（2）对于社会支持而言，地区景区传统体育项目活跃程度是主要影响因素。

（3）对于文化层面而言，传统体育非遗项目的申报力度是主要影响因素。

（4）对于个人感知而言，对传统体育的评价是主要影响因素。

（5）对于满意度而言，对传统体育助力乡村振兴的满意度是主要影响因素。

传统文化是一个国家和民族的灵魂，必须大力传承和弘扬。镇江传统体育文化产业，在扩大市场的同时，应讲好“镇江传统体育故事”，传播“镇江传统文化”。例如，上党在开展“五个一”工程，全面打造体育文化精品，鼓励文化创新，提高文化品质，最大限度满足社会大众的传统体育参与需求。

# 第六章

## 大运河流域乡村传统体育平台项目

# 第一节　项目介绍与荣誉

笔者所在团队收集整理大运河苏南流域红色乡村传统体育项目，并结合 GIS 技术的可视与分析优势，打造出了基于集成数字地图的红色乡村传统体育平台。平台以传统体育的保护和传承为主，将传统乡村体育元素融入群众的日常生活。平台将传统体育的介绍、图像和视频、区域景观资源信息等诸多要素集成管理，通过构建用户的乡村传统体育学习、体验和推广模块，方便用户进行交互体验，打造“看、学、做”一体的信息化平台，旨在通过互联网助力传统体育的传承，用数字赋能乡村文化振兴，推动苏南红色乡村与旅游、互联网和文化发展相结合，加强对传统体育文化的宣传、保护和传承，保障红色文化与乡村振兴相辅相成，协调发展。2024 年，“基于 GIS 的苏南红色乡村传统体育平台”获得国家版权局颁发的计算机软件著作权，如图 6-1 所示。

中华人民共和国国家版权局
计算机软件著作权登记证书
证书号：软著登字第12588331号
软件名称：基于GIS的苏南红色乡村传统体育平台
［简称：红色乡村传统体育平台］
V1.0
著作权人：江苏科技大学
开发完成日期：2023年11月20日
首次发表日期：2023年12月05日
权利取得方式：原始取得
权利范围：全部权利
登记号：2024SR0184458
根据《计算机软件保护条例》和《计算机软件著作权登记办法》的规定，经中国版权保护中心审核，对以上事项予以登记。
2024年01月29日

图 6-1 “基于 GIS 的苏南红色乡村传统体育平台”获国家版权局颁发的计算机软件著作权

# 第二节　项目内容

## 一、苏南红色乡村传统体育平台项目功能

打开平台首页，出现如图 6-2 所示页面。

图 6-2　基于 GIS 的苏南红色乡村传统体育平台首页

## （一）平台首页的主要内容

1. 顶部区域

（1）首页 banner 图：该图由平台的名称、苏南抗战胜利纪念碑的剪影与传统体育舞龙的经典图案构成；

（2）系统管理入口：包括注册、登录和管理入口的链接；

（3）导航栏：导航平台的主要栏目，部分栏目还包含二级菜单。

2. 内容区域

平台的核心内容区域包括展示推广的轮播图、热点新闻频道、传统体育项目的列表、数字资源频道和传承人风采的幻灯片。

3. 底部区域

（1）友情链接导航：导航与本平台关联度比较高的友情链接网站；

（2）版权和联系地址：包括校徽和校名、联系地址和联系方式以及版权信息。

功能开发方面，本项目前期主要是门户类网站和 App 的研发，开发以 PGC 内容为主，UGC 内容为辅。PGC 即 Professional Generated Content，意为专业生产内容。此功能旨在引起传统体育爱好者的注意，达到与客户进行匹配的目的。UGC 即 User Generated Content，指用户生产内容。此功能主要面向传统体育爱好者，用户可通过 UGC 发布愿望和心得等。未来希望开发 PUGC 功能，即 Professional User Generated Content，意为专业用户生产内容，来挖掘传统体育爱好者中那些运动经验较为丰富，并已取得一定运动成就的运动爱好者，帮助他们生产特定的、有价值的、不可复制的专业运动内容，利用粉丝效应达到提升用户黏性的目的。

技术开发方面，本平台采用先进的开发平台和开源框架，将利用GIS、5G和大数据等技术，提升用户运动体验，借助当前热度较高的“线上+线下”商业模式，为传统体育爱好者精准提供技术和资源支持。平台中的数字地图模块采用高德地图 Js API 结合 VUE 框架，内容展示和学习等模块采用开源内容管理系统 DotNetNuke（DNN），融合打造出集成数字地图的苏南红色乡村传统体育平台。高德开放平台是国内技术领先的 LBS（Location Based Services，基于位置的服务）服务提供商，拥有先进的数据融合技术和海量的数据处理能力。高德地图 Js API 免费开放使用，可提供 2D、3D 地图模式，满足绝大多数开发者对地图展示、地图自定义、图层加载、点标记添加等需求，同时也提供了 POI 搜索、路线规划、行政区查询、定位等众多开放服务接口。DNN 是一个基于微软技术的开源门户、内容管理系统（CMS）和网站后台管理系统，为广大门户网站的开发提供了一个健壮的、可扩展的、功能完备的框架。

## （二）红色乡村栏目

点击平台首页菜单栏中“红色乡村”按钮，跳转到红色乡村列表页面，出现如图 6-3 所示页面。

图 6-3 红色乡村列表页面

选中并点击需要查看详细信息的条目，跳转到详情介绍页面。

## （三）传统体育栏目

点击平台首页菜单栏中“传统体育”下的“体育项目”按钮，跳转到体育项目列表页面，选中并点击需要查看详细信息的条目，跳转到体育项目的详情介绍页面。

### （四）非遗项目栏目

点击平台首页菜单栏中“传统体育”下的“非遗项目”按钮，跳转到非遗项目列表页面。

### （五）文化传承栏目

1. 传承人

点击平台首页菜单栏中“文化传承”下的“传承人”按钮，跳转到传承人列表页面，如图 6-4 所示。

图 6-4　传承人列表页面

选中并点击需要查看详细信息的条目，跳转到传承人的详情介绍页面。

2. 场馆协会

点击平台首页菜单栏中“文化传承”下的“场馆协会”按钮，跳转到场馆协会列表页面。选中并点击需要查看详细信息的条目，跳转到场馆的详情介绍页面。

### （六）新闻动态栏目

1. 热点新闻

点击平台首页菜单栏中“新闻动态”下的“热点新闻”按钮，跳转到热点新闻列表页面。选中并点击需要查看详细信息的条目，跳转到热点新闻的详情介绍页面。

2. 展示推广

点击平台首页菜单栏中“新闻动态”下的“展示推广”按钮，跳转到展示推广列表页面，选中并点击需要查看详细信息的条目，跳转到展示推广的详情介绍页面。

### （七）政策法规

点击平台首页菜单栏中“政策法规”按钮，跳转到政策法规列表页面。选中并点击需要查看详细信息的条目，跳转到政策法规的详情介绍页面。

### （八）数字资源

1. 学习视频

点击平台首页菜单栏中“数字资源”下的“学习视频”按钮，跳转到学习视频列表页面，如图 6-5 所示。

图 6-5　学习视频列表页面

选中并点击需要观看的教学视频，跳转到视频播放页面。点击播放器的播放按钮，可以观看教学视频，也可以通过点击“暂停”“全屏”“声音”等按钮对播放的视频进行操作。

2. 专题访谈

点击平台首页菜单栏中“数字资源”下的“专题访谈”按钮，跳转到专题访谈视频列表页面。选中并点击需要观看的专题访谈视频，跳转到视频播放页面。点击播放器的播放按钮，可以观看访谈视频，也可以通过点击“暂停”“全屏”“声音”等按钮对播放的视频进行操作。

### （九）研究交流

1. 学术论坛

点击平台首页菜单栏中“研究交流”下的“学术论坛”按钮，跳转到学术论坛列表页面，如图 6-6 所示。

图 6-6　学术论坛列表页面

选中并点击需要查看详细信息的条目，跳转到学术论坛的详细介绍页面。

2. 研究报告

点击平台首页菜单栏中“研究交流”下的“研究报告”按钮，跳转到研究报告列表页面。选中并点击需要下载的资料，打开页面之后，选中附件并下载。如果是 PDF 文件或者图片文件，既可以直接在网页上打开，也可以点击工具栏上的“附件下载”按钮将文件下载到本地电脑上。

## 二、乡村传统体育平台项目创新点

### （一）平台定位更专业精细

平台以传统体育的保护和传承为主，旨在实现乡村传统体育的宣传、体验和在线学习，促进身体健康和文化发展。经苏南地区的初步实地调研和网络搜索，发现目前仅有江苏非物质文化遗产网、苏州非物质文化遗产信息网对少量列入非遗名录的传统体育项目和传承人进行过简单介绍，市场上没有同类的平台对乡村传统体育开展宣传介绍和推广。纵观国内市场，基于互联网的民俗体育 App 以线上指导为主，真正连接到线下的平台非常少，能落地的项目屈指可数，且在全国范围内尚没有市场份额较大的民俗体育运动平台出现，这让我们有了独占鳌头的机会。本项目更专注于传统民俗体育运动，为传统体育爱好者提供专业的一体化服务，服务功能更专一、更精准。

### （二）GIS 技术与用户传统体育需求的深度融合

GIS 与全民健身的关系日益密切，促进 GIS 与体育的实践结合，发展群众体育和社区体育，借助“科技服务生活”理念推动传统体育的传承与发展。本项目构建了基于GIS技术可视与分析功能结合的多功能传统体育平台，借助数字地图连接传统乡村体育元素并融入群众的日常生活，将传统体育的介绍、图像和视频信息等诸多要素进行集成管理，结合GIS强大的空间信息检索、定位和路径规划等功能，实现传统体育与地理信息调用及可视化展示融合，方便群众参与传统体育锻炼活动，大幅提升全民健身活动效果。

### （三）营造多方共赢的运动模式

本项目不仅关注传统体育的推广和普及，还注重构建多方共赢的运动模式。首先，通过平台的推广和运营，为乡村传统体育的传承人提供展示自己技艺的机会，同时也为他们创造经济价值，实现文化传承与经济收益的双赢。其次，平台为体育爱好者提供便捷、高效的传统体育学习体验，满足他们对健康生活的追求，实现个人健康与文化传承的双赢。再其次，平台与地方政府、文化机构、体育组织等合作，共同推动乡村传统体育的发展，提升乡村文化的软实力，实现地方文化与经济社会发展的双赢。最后，平台通过技术创新和服务模式的创新，为体育产业发展注入新的活力，推动体育产业转型升级，实现体育产业与社会发展的双赢。

## 三、特色体育地图

利用基于GIS技术可视与分析功能结合的多功能传统体育平台，借助地图连接传统乡村体育元素并融入群众的日常生活。平台将传统体育的介绍、图像和视频信息等诸多要素进行集成管理，借助高德地图开放平台提供的API，结合GIS强大的空间信息检索功能，实现传统体育与地理信息调用及可视化展示的融合。

### （一）地图展示

点击平台首页菜单栏“体育地图”按钮，跳转到体育地图页面。

1. 地图

打开浏览器，初始化时加载江苏省地图，然后对苏南地区的南京、镇江、常州、无锡和苏州5市进行定位展示。

2. 标注

读取苏南地区传统体育项目的JSON文件，在地图上根据经纬度生成相应的标注点，同时在右边的列表加载相同的信息。

3. 定位

选择地图上的标注点，可以查看该点对应的传统体育项目的基本信息，包括名称、地址和简介等，也可以直接选择列表中的信息自动跳转到标注点上。

4. 查看详情

点击标注点对应弹出窗口上的“详细内容”超链接，平台根据网址打开传统体育项目栏目对应的详细信息页面。

（二）地图搜索

点击平台首页菜单栏“体育地图”按钮，跳转到体育地图页面，页面的右侧列表栏提供地图搜索功能，在编辑框内输入需要搜索的体育项目关键字，列表会自动过滤对应的数据，并同步更新地图上的标注点。

选择地图上搜索出的标注点，可以查看该点对应的传统体育项目的基本信息，也可以直接选择列表中的信息自动跳转到标注点上，点击“详细内容”的超链接可打开传统体育项目对应的详细信息页面。

## 四、后台管理

平台后台管理提供新闻、资料与教学视频上传、用户管理和系统配置等功能。

（一）数据管理

打开浏览器后，点击首页右上角的登录按钮，跳转至后台登录页面，如图 6-7 所示。

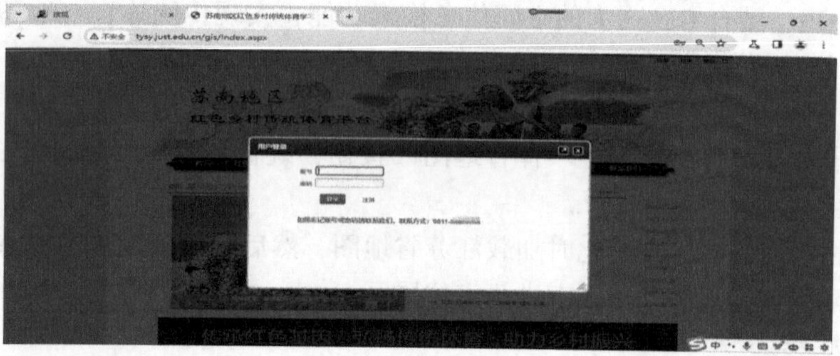

图 6-7　后台登录页面

登录后，点击页面右上角的管理入口，跳转至后台管理页面，如图 6-8 所示。

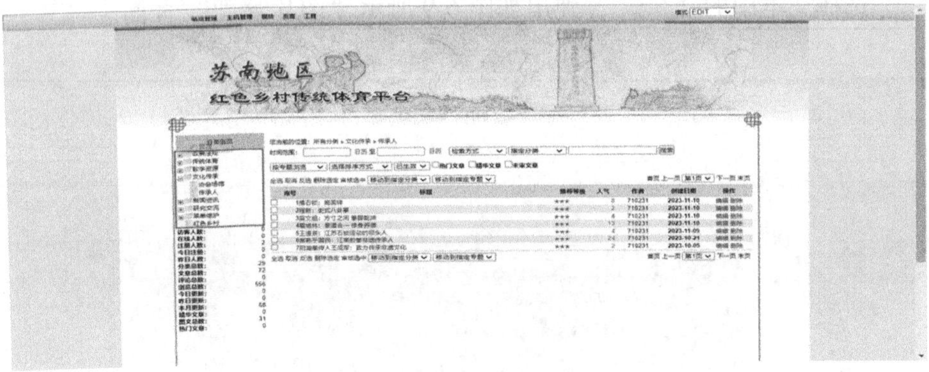


**图 6-8　后台管理页面**

1. 分类概述

后台管理界面左侧显示数据分类，右侧显示已录入的数据和资料列表。

2. 数据维护

点击“分类浏览”悬浮显示的“管理”按钮，弹出界面，选择“添加文章”进入编辑页面。

【各栏目说明】

所属分类：定义数据所属的菜单类别，以便于在网页的相应位置显示。标题：数据的题目。作者：数据作者。来源：数据来源。创建时间：数据的日期。数据内容：数据内容。上传附件：用于上传附件。高级设置：主要对数据的权限或者其他内容进行设置。

3. 后台管理系统添加数据

（1）选择“所属分类”，添加“标题”“作者”“创建时间”。

（2）在“数据内容”中录入数据内容。

注意：如果数据内容需要复制粘贴，第一步把从别处拷贝的内容粘贴到文本文件中，以消除文字的格式，然后再复制到“数据内容”中。为了保证在浏览器中显示的内容排版比较规范，点击“HTML”进行如下检查：是否每一个段落的段前段后都有<p>、</p>标识。如果只有段尾存在</br>，请将 HTML 中的内容拷贝到文本文件中，用</p><p>替换</br>，然后再检查段前段后是否都存在<p></p>，检查无误后替换到编辑页面中。

4. 插入图片

选择文本中的“ ”，弹出如图 6-9 所示“图片管理”页面。

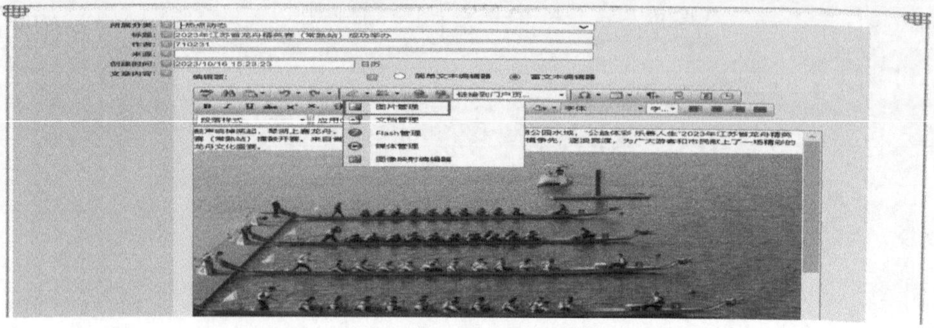

**图 6-9　图片管理页面**

点击“图片管理”按钮，可以点击“上传”选择所要上传的新图片。点击左边文件夹目录中的“Images”文件夹作为图片上传保存的文件夹。图片上传成功后，选择需要插入的图片，点击右下角“插入”按钮。点击图片中的“属性”按钮，设置图片在数据中显示的大小。“宽度”与“高度”分别设置宽度、高度的具体像素。（小窍门：为了您设置后的图片符合原图的比例要求，请将宽度与高度选项之间的“ ”点击设置为“ ”，系统将根据输入的宽度按原图片的比例自动缩小高度。）

5. 数据编辑/删除

如需对数据进行修改，在动态数据列表选择需要修改的数据，点击“编辑”按钮进入数据编辑界面进行修改。如需对录入的数据进行删除操作，可先进入数据管理页面，在右边显示的数据列表中选出需要删除的数据，点击其同行的“删除”按钮，删除一条数据；也可在数据列表中，在序号前的方框中打“√”，点击列表最后的“删除选中”进行多条数据的删除，弹出删除对话框。删除后的数据将不能撤销删除，因此删除操作请慎重。

## （二）资料管理

1. 研究报告

在左侧菜单“研究报告”对应的菜单列表中进行录入，如图 6-10 所示。

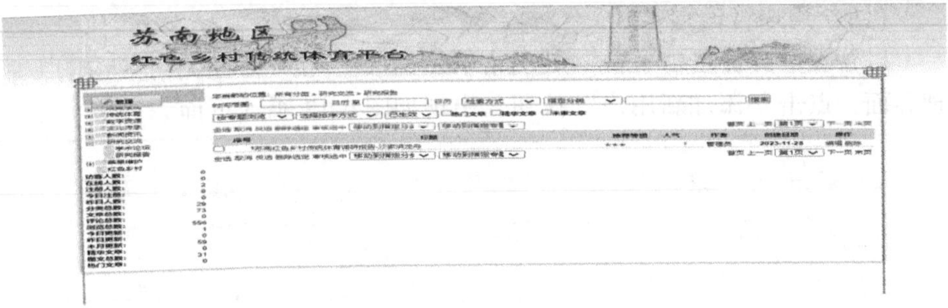


图 6-10 研究报告页面

2. 资料上传

新增资料的标题、内容和作者等信息，操作同数据管理类似，然后单击“资料上传”按钮。点击“上传附件”后，点击“浏览”选择需要上传的资料文件。所有内容编辑和资料上传完成以后，点击“保存”即可。

## (三) 视频管理

1. 学习视频

在左侧菜单“数字资源”下“学习视频”对应的菜单列表中进行录入，如图 6-11 所示。

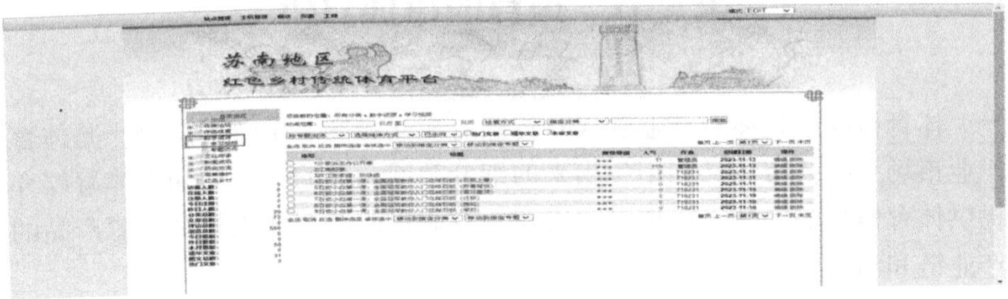


图 6-11 学习视频页面

2. 视频内容

新增视频的标题、内容和作者等信息，操作同数据管理类似。

3. 视频播放链接

点击图 6-11 中方框内的“学习视频”按钮，进入视频播放的封面和视频内容链接页面设置。

### （四）用户管理

以管理员身份登录平台，点击菜单栏上的“用户管理”，进入用户管理界面，点击“添加新用户”按钮，出现如图 6-12 所示页面。

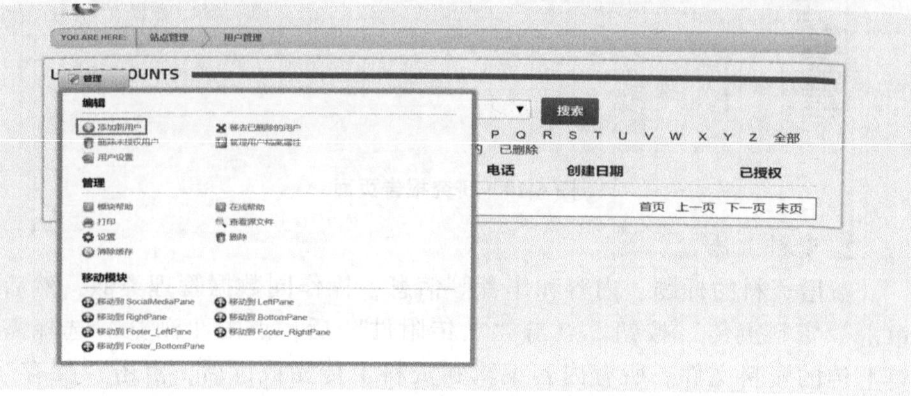


图 6-12　“添加新用户”页面

在弹出用户信息管理页面，输入相应的用户基本信息，完成之后点击“添加新用户”按钮即可。

## 第三节　项目的市场分析

体育传媒业是体育产业和大众传媒业相互碰撞、融合的产物，是体育产业市场和媒体市场共同衍生出来的细分领域，目的在于向相关体育媒介提供体育信息的同时，以更具深度化、专业化的面貌融入整个体育产品的产业链和消费链之中。

### 一、政策背景分析

2023 年 7 月 7 日，习近平总书记在江苏考察时强调，江苏要加强优秀传统文化的保护传承和创新发展。习近平总书记在北京冬奥会、冬残奥会总结表彰大会上提出要“高度重视并充分发挥体育在促进人的全面发展中的重要作用”。2022 年中央一号文件提出实施文化产业赋能乡村振兴计划。苏南革命老区为新中国革命做出巨大贡献，但区域经济发展存在不平衡不充分问题。

## 二、国内环境分析

随着国民健康需求的快速提升，近年来，传统体育运动项目开始在大众生活中普及，民众对于体育的消费需求逐年增长，运动成为一种新风尚。新时代背景下，随着供给侧结构性改革的不断深入，2022 年 6 月 20 日，农业农村部、体育总局、国家乡村振兴局三部门联合发布《关于推进“十四五”农民体育高质量发展的指导意见》（以下简称《意见》）。《意见》要求深入挖掘乡村体育文化内涵，加强传统体育项目保护利用和活态传承，扶持推广中华传统体育项目，重点挖掘整理列入乡村非物质文化遗产的传统体育项目。在国家全民健身、“健康中国”国家战略逐步实施的契机下，乡村传统体育平台项目应运而生，既迎合了新时代国家体育产业发展战略，又满足了人们日益高涨的运动需求。

## 三、国内市场现状

目前市场上体育类 App 多采用视频和教程的方式为用户提供健身指导、跑步、骑行、交友、健康饮食和装备购买等一站式运动解决方案，对传统体育项目却很少涉及，远远不能满足人民群众日益增长的消费需求。本平台专注于传统体育运动的开展，通过大数据使用户需求与得到的服务匹配，助力传统体育爱好者更加科学、安全、舒适地参加体育运动，在此领域，当前尚无激烈的竞争者，属于蓝海。本项目迎合了当下人们运动的潮流，市场前景广阔。

本项目将带动国内市场经济的发展，详情如下。

（1）将传统体育与旅游相结合，可以打造具有地方特色的旅游产品和体验。举办民俗体育赛事、表演或设立民俗体育主题的旅游景点，吸引游客，促进地方旅游经济的发展。

（2）民俗体育具有丰富的文化内涵，可以开发相关的文化产品，如纪念品、图书、影视作品等。这些文化产品可以传播民俗体育文化。

（3）通过商业化运作，民俗体育可以得到更好的传承和发展，也能够激发创新，推出更多符合市场需求的产品和服务。这样不仅能推动民俗体育的可持续发展，还能为地方经济和文化发展带来积极的影响。

## 四、市场容量分析

近年来，在全民健身、体育强国的发展战略下，我国体育产业发展保持良好势头。2017 年，我国体育产业总规模已经突破 2 万亿元。2019 年，我国发布《国务院关于实施健康中国行动的意见》《体育强国建设纲要》来推动体育强国建设；国家体育总局与财政部设立中国体育产业投资基金，多项政策利好我国体育产业，推动了我国体育产业迅速增长，总规模达到了 2. 95 万亿元，距“十四五”规划目标仅一步之遥。2020 年，我国体育产业受到了新冠疫情的冲击，但“互联网+体育”在全民居家的环境中也迎来了发展契机，随着新冠疫情逐渐得到有效控制，体育产业整体仍呈现出增长态势。体育传媒产业隶属于体育服务业，在整个体育产业中占据份额较小，但其与体育产业关系紧密，相互促进，共同发展。据国家统计局发布的《2022 年全国体育产业总规模与增加值数据公告》披露，2022 年体育传媒与信息服务产业总规模为 705. 6 亿元，占体育产业总规模的 2. 4%。

由此可知，市场容量巨大。

## 五、竞争分析

### （一）宏观环境分析

1. 政策环境

近年来，国家体育总局高度重视传统体育发展，在制度法规、文化宣传、人才培养、推广普及等方面采取了一系列措施，同有关部委密切配合，指导相关单位认真做好传统体育的各项工作。习近平总书记于 2023 年在江苏考察时强调，江苏要加强优秀传统文化的保护传承和创新发展。《“十四五”体育发展规划》提出，要开展武术、围棋、龙舟等传统体育项目文化特质研究，加强中华传统体育项目的开发利用与活态传承，设立“中华优秀传统体育文化‘走出去’工程”。

2. 经济环境

随着国民经济的不断增长，国民健康、娱乐、休闲需求快速提升，传统体育运动项目开始在大众生活中普及，民众对休闲运动的消费需求不断增长，传统体育运动项目成为一种潮流运动。

3. 资源与技术环境

资源与技术环境对乡村传统体育平台项目的实施至关重要。苏南地区拥有丰富的红色乡村资源和传统体育项目，这些资源为乡村传统体育平台项目的开展奠定了坚实的基础。同时，现代技术的发展也为项目的实施提供了强大的支持。乡村传统体育平台项目采用了开源内容管理系统 DotNetNuke（DNN）和高德开放平台的地图服务，这些技术为平台的开发提供了强大的功能和稳定性。同时，DNN 的开放性和可扩展性也为项目的后续开发提供了便利。

**（二）竞争对手分析**

1. 线上竞争者

国内市场基于互联网的民俗体育 App 以线上指导为主，真正连接到线下的平台非常少，能落地的项目屈指可数，不构成较大竞争，且在全国范围内尚没有市场份额较大的民俗体育运动平台出现，这让我们有了独占鳌头的机会。

2. 线下竞争者

线下竞争来源于传统运动俱乐部，因为客户的消费习惯还没有完全调整过来，也可以说还没有与之匹配的“互联网+”产品，绝大多数客户还是选择在传统体育运动基地或俱乐部进行课程训练。

**（三）SWOT 分析**

1. 优势（Strengths）

（1）团队优势：本项目团队由体育学院的学生组成，具备丰富的体育知识和实践经验。同时，团队成员具备软件开发、数据分析和市场营销等多方面能力。

（2）技术优势：项目采用了先进的 GIS 技术，结合数字化地图，实现了传统体育项目的可视化展示和交互式体验，为用户提供了更加便捷和高效的服务。

（3）资源优势：苏南地区拥有丰富的红色乡村资源和传统体育项目，这些资源为项目的开展打下了坚实的基础。同时，项目得到了学校和政府部门的支持，具备强大的资源整合能力。

2. 劣势（Weaknesses）

（1）知名度不足：作为一个新兴的平台，本项目在市场上的知名度相对较低，需要加大宣传力度，提高用户认知度。

（2）用户黏性有待提升：虽然平台提供了丰富的功能和内容，但如何吸引用户长期使用并保持高黏性，仍是项目面临的挑战之一。

3. 机会（Opportunities）

（1）政策支持：政府对传统体育的发展给予了高度重视，出台了一系列政策，为项目的实施提供了良好的政策环境。

（2）市场需求：随着国民健康意识的提高，越来越多的人开始关注传统体育项目，市场需求潜力巨大。

（3）技术创新：现代技术的发展为项目的实施提供了强大的支持，未来随着技术的不断创新，平台的功能和性能将进一步提升。

4. 威胁（Threats）

（1）竞争对手：虽然目前市场上尚未出现市场份额较大的民俗体育运动平台，但潜在的竞争对手仍可能对项目构成威胁。

（2）市场变化：市场变化难以预测，用户需求的变化、新技术的出现等都可能对项目的发展产生影响。

## 第四节　项目的营销策略

### 一、目标市场的市场定位与选择

乡村传统体育平台项目的目标市场定位为对传统文化和体育项目感兴趣的用户群体，特别是年轻人和家庭用户。选择目标市场时，将考虑以下几个因素。

#### （一）地域定位

由于苏南地区拥有丰富的红色乡村资源和传统体育项目，因而首先关注苏南地区的市场，并逐步向其他地区扩展。

#### （二）用户群体定位

以年轻人和家庭用户为主要目标群体，因为他们对传统文化和体育项目的兴趣较高，同时他们也是消费市场的主力军。

#### （三）市场细分

针对不同用户群体的需求和偏好，将对市场进行细分，为用户提供个性化的产品和服务。

## 二、营销组合策略

### （一）产品策略

不断丰富和优化产品功能和服务，以满足用户的不同需求。同时，注重产品的用户体验和易用性，提高用户满意度和黏性。

### （二）渠道策略

通过多个渠道进行产品推广和销售，包括官方网站、社交媒体、应用商店等。同时，选取营业的传统体育运动俱乐部作为线上平台的第一批线下课程执行场地，并在场地中设置客户招募区域，客户通过注册 App 成为平台用户。项目组还将与多个传统体育活动俱乐部建立合作关系，共同推广项目并扩大市场份额。

## 三、品牌建设与维护

品牌是项目成功的重要因素之一。可通过以下措施提升品牌价值和影响力。

### （一）明确品牌定位

平台以传统体育的保护和传承为主，旨在实现乡村传统体育的宣传、体验和在线学习，促进身体健康和文化发展。明确项目的品牌定位，塑造独特的品牌形象，使用户能够轻易识别和记住品牌。

### （二）建立品牌声誉

通过提供优质的产品和服务、积极参与公益活动等方式，建立积极的品牌声誉，提升用户对品牌的信任和好感。

### （三）持续的品牌传播

通过广告、公关活动、社交媒体等多种渠道，持续进行品牌传播，扩大品牌知名度和影响力。

## 四、运营逻辑

乡村传统体育平台的运营逻辑源于将传统乡村运动运营模式改为线上

版和开放版。平台首先打破传统乡村体育的地域局限性，用户可以随时在线上预约参加传统体育活动，只需要完成线上沟通就可以。所有上线的传统体育资料都由平台运营团队筛选，符合标准要求的传统体育组织才可以在平台上线。乡村传统体育平台以传统体育的传承为主，兼具公益性质和可持续发展机制，后续推广时应结合乡村文化和产业发展，逐步开发相应的市场，以期带来一定的经济效益。

## 五、推广策略

App 推广是获取大量用户的基础，一款新的 App 需要靠推广进入大众视野。传统体育平台 App 将通过四种推广方式进行推广：

### （一）利用人脉等资源进行推广

团队合伙人中成员所学的专业多为体育类专业，具有较为丰富的传统乡村体育运动资源和客户群体，此类人群可作为传统体育平台的 Beta 版本的用户，在内测阶段能为平台提供真实可行的建议。可借助此类用户制定“用户增长计划”，将该人群定位为内测用户。邀请新用户完成相应的体验任务可获取福利，邀请成功的人数越多，奖励越丰厚，此种方式的推广投资回报率（ROI）较高，效果较好。

### （二）精准的广告投放

大数据时代，每一名互联网用户都身处新媒体场域中，在信息和网络技术飞速发展的环境下，传统体育平台 App 以互联网、移动互联网为载体，通过大数据实现用户的精准定位以及用户的需求挖掘和预测，然后进行精准广告投放。传统体育平台 App 还可借助第三方平台，如抖音、微信等针对互联网用户进行渠道推广。

### （三）基于网站推广的 SEM 和 SEO 优化

SEM（Search Engine Marketing），即“搜索引擎营销”，指的是通过搜索引擎的竞价排名机制，在搜索引擎上进行广告投放，点击即收费。SEM 的优势在于不限搜索关键词，投放即见效，退出即失效。SEO（Search Engine Optimization），即“搜索引擎优化”，指的是利用搜索引擎的自然排名机制将网站的内外部调整优化，从而提升网站在搜索结果中的排名。从长期收益来看，在推广效果相同的情况下，SEO 的成本较低，但是效果持续周期长。

### (四) APP Store 的 ASO 优化

相对于 SEM 和 SEO 的网站推广，ASO（APP Store Optimization）则是针对移动端应用商店进行搜索引擎优化的手段，与 SEO 类似。一个 App 的 ASO 排名与 App 的关键词、App 的标题、App 的应用描述等诸多因素有关，项目团队的技术人员应在推广时积极学习相关知识，了解影响 ASO 排名的因素，学习 ASO 排名优化的知识。

## 六、风险分析及风险管理

### (一) 技术风险及对策

技术风险是本项目实施中可能面临的重要风险之一。由于本项目涉及 GIS 技术、软件开发、数据分析等多个领域，难度较高，因此可能会遇到技术实现难度大、开发进度延迟、软件漏洞等问题。为了降低技术风险，可采取以下对策：

1. 建立专业的技术团队

组建一支具备丰富经验和专业技能的技术团队，负责平台技术研发和维护工作。团队成员将不断学习新技术、提高技能水平，确保项目的顺利实施。

2. 引入先进的技术和工具

积极引入先进的 GIS 技术、软件开发框架和数据分析工具，以提高平台的性能和功能。同时，关注行业动态，及时跟进新技术的发展，确保项目保持领先地位。

3. 制定详细的技术方案和计划

制定详细的技术方案和计划，明确每个阶段的目标和任务，确保项目按照既定的时间节点和质量要求推进。同时，建立严格的技术审核和测试机制，确保平台的稳定性和安全性。

4. 建立完善的售后服务体系

建立完善的售后服务体系，及时响应和解决用户反馈的问题，确保平台正常运行和舒适的用户体验。同时，定期对平台进行维护和升级，确保平台的功能和性能得到持续优化。

### (二) 财务风险及对策

财务风险是任何项目都需要关注的重要方面。对于本项目而言，潜在的财务风险可能包括资金不足、投资回报率低等问题。为了有效应对这些风险，可采取以下对策：

1. 精准的资金规划和管理

在项目启动前，进行详细的资金规划，明确项目的投资需求和预算。在项目执行过程中，建立严格的财务管理制度，确保资金的合理使用和流动。

2. 多元化的融资渠道

为保障项目的顺利推进，积极寻求多元化的融资渠道，包括政府补助、企业投资、社会捐赠等。同时，本项目还将与金融机构合作，争取低成本的贷款支持。

3. 精细化的成本控制

对项目的各项成本进行精细化控制，通过合理地采购、管理和利用资源，减少浪费。此外，可定期对项目的成本效益进行分析，及时调整和优化成本结构。

4. 高效的投资回报机制

为了吸引投资者并保持其信心，可建立高效的投资回报机制，通过合理的定价策略、市场推广和用户服务，提高项目的盈利能力和市场占有率，确保投资者获得稳定的回报。

**（三）市场风险及对策**

市场风险是项目实施过程中不可忽视的一部分。由于市场竞争激烈、用户需求变化快速等因素，项目可能面临市场份额下降、用户流失等风险。为了应对这些风险，可采取以下对策：

1. 深入的市场调研和分析

在项目启动前，进行深入的市场调研和分析，了解目标用户的需求和偏好、竞争对手的情况以及市场趋势等信息。这将有助于制定更加精准的市场策略和产品方案。

2. 持续的产品创新和服务优化

为了满足不断变化的市场需求，提高用户黏性，可持续进行产品创新和服务优化，通过引入新技术、丰富产品功能、提升用户体验等手段，保证项目在市场上的竞争优势。

# 第七章

# 大运河镇江流域传统体育融入高校体育的情况调查

# 第一节 传统体育融入高校体育的背景

## 一、问题的提出

中共中央办公厅、国务院办公厅印发的《关于全面加强和改进新时代学校体育工作的意见》把学校体育摆到了更加突出的位置，以构建德智体美劳全面培养的教育体系。文件中提到了要大力推广中华传统体育项目，认真梳理武术、摔跤、棋类、射艺、龙舟、毽球、舞龙舞狮等中华传统体育项目，因地制宜开展传统体育教学、训练、竞赛活动，同时融入学校体育教学、训练、竞赛机制。针对此方针，中央进一步提出了增强文化自信、深入发展传承力量的精神，让中华传统体育活动在各大高校中大放光彩。

国内外对传统体育单个项目文化、单个民族文化研究较多，但对传统体育融入高校体育的实践进程还需加快。传统体育文化的体育学研究需要得到更多关注，本调查为促进高校与传统体育的深入合作进行了整体性研究，努力构建“高校传统体育普及化”的多元传承创新路径，助力国家体育人才建设，弘扬民族传统文化。

## 二、传统体育文化在高校中的传承研究回顾

传统的民族体育项目所具有的教育功能与文化价值在逐步被认同，同时民族传统体育所具备的特点（如民族性、多样性和地域性等）造就了民族传统体育对发展学生个性、增强学生人文素养、强健学生体魄、提高学生心理健康水平等具有重要的意义。如养生类运动五禽戏、八段锦等，实用性较强，学生可在日常生活中进行锻炼，按照规定的技术动作根据自身情况量力而行，达到强身健体的功效，这样有助于消除对民族传统体育的刻板认知，既全面发展了学生的综合素质，又有利于民族传统体育的发展和传承。

## 三、研究目的

### （一）调查与分析高校传统体育发展现状

我们还关注传统体育融入高校体育发展的影响因素，构建传统体育与高校体育相融合的多元传承，开辟新路径，助力学校体育文化发展，有助于将“文化强国、体育兴国”的核心理念落实到高校体育文化建设中，对高校传统体育的理论研究作出贡献。

### （二）将民族传统体育文化活化利用

民族传统体育文化与学校体育文化等研究形成互补，对相应的理论体系构建也有启发意义，有助于为传统体育文化更好地融入和促进学校体育文化建设提供策略指导。

## 四、研究方案设计及实施

### （一）研究步骤

（1）查找相关文献，明确当代学者在传统体育方面的研究进展及研究深度，了解高校传统体育的相关信息，明确调查目的。

（2）对高校中传统体育承担传承职责的教师团队进行专家访谈，提炼出重点信息，进而得出高校中传统体育传承的现状。

（3）设计并收集问卷。通过线上线下相结合的方式来发放问卷，同时根据调查范围在每一个地区随机访问一些符合条件的学生的相关情况。为了使得调查结果更具信度和效度，收取了一定数量的问卷后，对获得的数据进行预处理，得出完整的可以进行分析的问卷数据集。面对该数据集，可通过描述性统计对情况进行大致的了解，比如频数、比例、因素之间的差异等，了解高校内传统体育活动的状况，以及传统体育融入高校体育的情况，这为接下来选择最为合适和准确的模型奠定基础。

（4）使用 ACSI 模型及结构方程模型进行进一步的整理和分析。

### （二）研究方案设计

1. 调查内容

本次调查内容包括高校传统体育开展现状、高校传统体育与高校体育关系、传统体育助力高校体育融合发展情况。

2. 调查方法（第五章有详细说明）

（1）问卷调查法。

（2）专家访谈法。

3. 调查方式

（1）因为此次调查的目标人群为包括学生在内的传统体育参与人员，因此问卷调查采用了线下问卷和线上问卷相结合的调查方式，在调查过程中通过问卷网调研平台进行问卷设计，通过微信、QQ、微博、贴吧等目标群体常用网站进行问卷发布。

（2）抽样调查主要采用方便抽样与分层抽样相结合的方式。即在调查前，估计出总体的性别、学校和年龄比例，然后根据城市类别比例进行分层抽样。

4. 问卷设计

镇江市传统体育融入高校体育现状调查问卷分为以下四个部分：

（1）基本信息：包括学校所在地区、性别、年龄、最高学历等，这是为了对访问群体进行一定的限制，便于后期筛选和分类。

（2）传统体育与高校关系：参与何种传统体育项目、参与该项目多久了、每周参与传统体育的频率、参与传统体育项目的所在地区传统体育展示场合、促进高校传统体育发展各因素重要程度、传统体育融入学校体育的障碍因素、为助力高校发展传统体育的可行路径有哪些。

（3）传统体育发展情况：① 个人层面：您对传统体育的热爱程度，对此项目进行评价；② 社会层面：所在地区开展传统体育项目活跃程度，所在地区传统体育表演开展程度；③ 学校层面：您对所在学校体育场地是否满意、对所在学校运动队在传统体育项目比赛中获奖情况是否满意、所在学校对传统体育教育是否重视；④ 政府层面：您所在地区各级政府对传统体育的重视程度、所在地区各级政府对传统体育的资金支持程度。

（4）高校体育文化发展情况：① 文化层面：所在地区互联网对学校体育宣传的重要性、文化宣传对高校发展的重要程度、所在地区传统体育非遗项目申报力度并对此项目进行评价；② 生态层面：您所在地区传统体育绿色产业发展程度。

5. 最佳样本量的确定

先确定样本总量，以简单随机抽样的公式进行计算，仅作为后续进行分层抽样的参考标准。

考虑到本次问卷调查中需要对分类变量进行调查，而对分类变量的调查实际上就是考虑各种类别的比例关系，因此采取关于比例型变量的样本量确定公式：

$$N=\frac{Z^2[p(1-p)]}{d^2}$$

选定置信水平 $\alpha=95\%$，允许 5%的误差，同时由于影响因素较为复杂，事先缺乏对于比例的估计，故采用保守估计法，取 $Z_{\alpha/2}=1.96$，$p=0.5$，$d=0.05$，计算得 $N\approx249$。

（三）数据分析方法（第五章有详细说明）

① 交叉分析。② 最大化差异度量。③ Ridit 检验。④ 满意度指数模型。⑤ 结构方程模型。

## 第二节　传统体育融入高校体育的描述性统计分析

### 一、基于描述性统计的传统体育融入高校体育的现状分析

（一）地区结构

使用分层抽样方式收取了相应数量的问卷，共收回有效问卷 249 份。其中丹徒区约为 60%，京口区其次，约占 20%，其余镇江新区、润州区、丹阳市、扬中市、句容市样本比例分别约为 8%、4%、4%、2%和 2%。

（二）年级

本次调查中，各年级受调查者的性别比例比较均匀，每个年级中受访的男生和女生的比例基本持平。

（三）传统文化与传统体育的关系

调查结果显示，高校受调查者中，只要是学习过体育课程的人，大都认为传统文化与传统体育之间存在一定的联系。

（四）参与度与满意度

调查数据显示，整体而言，目前大多数高校师生对当下高校传统体育项目的表现比较满意。其中，传统体育在体育中的参与度越高，受调查者满意的比例越大。

### （五）参与频率与重视程度

统计发现，参与传统体育项目的调查对象中，参与半年以内的占比 43.73%，半年~1 年的占比 35.69%，1 年~3 年的占比 13.18%，3 年以上的占比 7.40%。

### （六）参加的体育项目与频次

太极拳是学生最常参与的传统体育项目，占比约 62%，八段锦其次，占比约 19%，跳绳、游泳样本比例分别占比约 16%和 9%。相较而言，蹴鞠、五禽戏等传统体育在此次的调研中受众面相对较窄。

统计发现，从不参与传统体育运动的占比 7.07%，每周 1 次的占比 61.74%，每周 2~3 次的占比 25.40%，每周 4~5 次的占比 1.61%，每周 5 次以上的占比 4.18%。

### （七）了解传统体育的途径和目的

统计发现，可通过以下途径了解传统体育：书本杂志（76.8%），影视作品（81.44%），校内课程（70.62%），校外兴趣（46.91%），亲戚朋友影响（43.30%），其他（21.13%）。

了解传统体育运动的目的：锻炼身体（89.18%），传承传统体育文化（76.29%），学习体育知识、技术和技能（74.23%），培养坚韧品质（64.43%），完成老师的要求（38.14%），获得荣誉（37.63%），好玩（44.33%），其他（9.79%）。

### （八）影响因素

所在地区传统体育展示场合中，各层次比赛、节假日庆祝活动各占比 42.77%，景区表演占比 24.44%，学校运动会占比 13.50%，宗祠祭祀占比 8.04%。

### （九）高校改进

高校传统体育改进方向：场地设施（72.68%），活动频率（69.59%），课程安排（69.07%），师资力量（61.34%），生活氛围（58.25%），获得荣誉（37.63%），教材编排（38.66%）。

### （十）传统体育助力高校的困境

根据困境严重程度从高到低：经费有限（68.81%），参与人员活跃度低（66.24%），缺乏教练指导（59.81%），场地有限（51.77%），文化自觉性较弱（40.51%），展示机会有限（35.05%），政府支持力度较弱（34.41%），现代化宣传手段不足（34.08%），其他（1.61%）。

（十一）助力高校传统体育发展可供渠道

强身健体提高生活质量、减少医疗开销是调研中助力高校传统体育发展的首要渠道，占比约73%，体现了“以人为本，健康第一”的观念。体育旅游、产品推广也是助力高校传统体育发展的主要渠道，占比分别为68.81%和50.16%。

（十二）对传统体育的热爱程度

平均分3.81，标准差1.04，方差1.08，最小值1，最大值5。5分占31.19%，4分占29.90%，3分占30.55%，2分占5.14%，1分占3.22%。

（十三）对参与的传统体育项目进行评价

平均分4.05，标准差0.91，方差0.83，最小值1，最大值5。5分占37.62%，4分占36.01%，3分占21.54%，2分占3.86%，1分占0.96%。

（十四）所在地区开展传统体育项目活跃程度

平均分3.79，标准差0.99，方差0.97，最小值1，最大值5。5分占28.94%，4分占30.23%，3分占34.08%，2分占4.50%，1分占2.25%。

（十五）所在地区传统体育表演开展程度

平均分3.76，标准差1.03，方差1.06，最小值1，最大值5。5分占29.58%，4分占28.94%，3分占32.15%，2分占6.75%，1分占2.57%。

（十六）对所在地区学校体育场地是否满意

平均分3.91，标准差1.01，方差1.01，最小值1，最大值5。5分占33.12%，4分占35.37%，3分占24.44%，2分占3.86%，1分占3.21%。

（十七）对所在地区学校运动队在传统体育项目比赛获奖情况是否满意

平均分3.91，标准差0.97，方差0.94，最小值1，最大值5。5分占33.12%，4分占32.48%，3分占28.62%，2分占3.86%，1分占1.92%。

（十八）所在地区学校对传统体育教育的重视程度

平均分3.94，标准差0.96，方差0.93，最小值1，最大值5。5分占33.44%，4分占34.73%，3分占26.37%，2分占3.22%，1分占2.24%。

（十九）所在学校体育基础设施建设完善程度

平均分3.88，标准差0.97，方差0.94，最小值1，最大值5。5分占32.15%，4分占32.15%，3分占29.58%，2分占4.18%，1分占1.94%。

（二十）互联网对高校传统体育宣传的重要性

平均分3.92，标准差0.99，方差0.98，最小值1，最大值5。5分占

33.12%，4分占35.37%，3分占25.40%，2分占2.98%，1分占3.13%。

### （二十一）文化宣传对传统体育的重要程度

平均分4.1，标准差0.85，方差0.73，最小值1，最大值5。5分占38.91%，4分占34.73%，3分占24.12%，2分占1.93%，1分占0.31%。

### （二十二）对参与的传统体育项目评价

平均分4.02，标准差0.90，方差0.81，最小值1，最大值5。5分占36.01%，4分占34.08%，3分占26.37%，2分占2.57%，1分占0.97%。

## 二、交叉分析

采用SPSS软件对学生参与传统体育的情况进行交叉分析，结果如下：

### （一）年龄与参加运动频率（表7-1和表7-2）

表7-1　年龄与参加运动频率交叉表

| 题目 | 频次 | 年龄 | | | | | 总计 |
|---|---|---|---|---|---|---|---|
| | | 19岁及以下 | 20~21岁 | 22~23岁 | 24~25岁 | 26岁及以上 | |
| 每周参与传统体育的频率 | 1~2次 | 72(46.90%) | 77(50.50%) | 2(1.00%) | 2(1.00%) | 2(1.00%) | 155 |
| | 3次 | 26(42.30%) | 35(56.40%) | 1(1.30%) | 0(0.00%) | 0(0.00%) | 62 |
| | 4~5次 | 2(60.00%) | 2(40.00%) | 0(0.00%) | 0(0.00%) | 0(0.00%) | 4 |
| | 5次以上 | 6(53.80%) | 4(38.50%) | 1(7.70%) | 0(0.00%) | 0(0.00%) | 11 |
| | 从不 | 8(47.60%) | 8(47.60%) | 0(0.00%) | 0(0.00%) | 1(4.80%) | 17 |
| 总计 | | 114 | 126 | 4 | 2 | 3 | 249 |

卡方检验结果如表7-2所示：

表7-2　年龄与参加运动频率卡方检验结果

| 项目 | 值 | df | 渐进 Sig.（双侧） |
|---|---|---|---|
| Pearson 卡方 | 17.732 | 20 | 0.587 |
| 有效案例中的 $N$ | 249 | | |

表中的 $p$ 值大于0.05，因此年龄与参加传统体育的频率无关。

## （二）职业与参加项目时长（表 7-3 和表 7-4）

表 7-3　职业与参加项目时长交叉表

| 题目 | 频次 | 您的职业 | | | | 总计 |
|---|---|---|---|---|---|---|
| | | 机关管理者 | 教师 | 在校大学生 | 研究生 | |
| 您参与该项目多久了 | 3 年以上 | 1(4.30%) | 1(4.30%) | 16(87.00%) | 1(4.30%) | 19 |
| | 1 年~3 年 | 0(0.00%) | 0(0.00%) | 33(100.00%) | 0(0.00%) | 33 |
| | 半年~1 年 | 0(0.00%) | 0(0.00%) | 88(100.00%) | 0(0.00%) | 88 |
| | 半年以内 | 0(0.00%) | 0(0.00%) | 109(100.00%) | 0(0.00%) | 109 |
| 总计 | | 1 | 1 | 246 | 1 | 249 |

卡方检验结果如表 7-4 所示：

表 7-4　职业与参加项目时长卡方检验结果

| 项目 | 值 | df | 渐进 Sig.（双侧） |
|---|---|---|---|
| Pearson 卡方 | 37.863 | 9 | 0.177 |
| 有效案例中的 $N$ | 249 | | |

表中的 $p$ 值大于 0.05，因此职业与参与项目时长无关。

## （三）性别与参加频率（表 7-5 和表 7-6）

表 7-5　性别与参加频率交叉表

| 题目 | 频次 | 性别 | | 总计 |
|---|---|---|---|---|
| | | 男 | 女 | |
| 您每周参与传统体育的频率 | 1 次 | 90（58.90%） | 63（41.10%） | 153 |
| | 2~3 次 | 42（65.80%） | 22（34.20%） | 64 |
| | 4~5 次 | 4（100.00%） | 0（0.00%） | 4 |
| | 5 次以上 | 9（84.60%） | 2（15.40%） | 11 |
| | 从不 | 10（59.10%） | 7（40.90%） | 17 |
| 总计 | | 155 | 94 | 249 |

卡方检验结果如表 7-6 所示：

表 7-6 性别与参加频率卡方检验结果

| 项目 | 值 | df | 渐进 Sig.（双侧） |
|---|---|---|---|
| Pearson 卡方 | 7.263 | 4 | 0.121 |
| 有效案例中的 $N$ | 249 | | |

$p$ 值大于 0.05，因此性别与每周参加频率无关。

**（四）性别与参加时长（表 7-7 和表 7-8）**

表 7-7 性别与参加时长交叉表

| 题目 | 频次 | 性别 | | 总计 |
|---|---|---|---|---|
| | | 男 | 女 | |
| 您参与该项目多久了 | 3 年以上 | 15（82.60%） | 3（17.40%） | 18 |
| | 1 年～3 年 | 22（65.90%） | 11（34.10%） | 33 |
| | 半年～1 年 | 51（56.80%） | 38（43.20%） | 89 |
| | 半年以内 | 68（62.50%） | 41（37.50%） | 109 |
| 总计 | | 156 | 93 | 249 |

卡方检验结果如表 7-8 所示：

表 7-8 性别与参加时长卡方检验结果

| 项目 | 值 | df | 渐进 Sig.（双侧） |
|---|---|---|---|
| Pearson 卡方 | 5.687 | 3 | 0.124 |
| 有效案例中的 $N$ | 249 | | |

表中的 $p$ 值大于 0.05，因此性别与参加时长无关。

## 三、基于 Ridit 检验的高校传统体育存在的问题分析

为了研究传统体育融入高校现阶段存在的问题是否会对传统体育热爱程度产生影响，本书选择 Ridit 检验法进行分析。如果传统体育融入高校现阶段困境会对传统体育热爱程度产生不同程度的影响，那么需要找出具体哪一方面影响程度大，以便后续有针对性地改善。

本部分从多选题中整理选项，得到 1866 条数据，分析分类变量传统

体育融入高校体育衍生的困境与有序定类变量对传统体育的热爱程度之间是否存在显著性差异。其中，问卷中可供受调查者选择的传统体育融入高校现阶段存在的问题有：参与人员活跃度低、场地有限、展示机会有限、政府支持力度较弱、文化自觉性较弱、现代化宣传手段不足、经费有限、缺乏教练指导。对传统体育热爱程度分为五个等级，依次为：非常热爱、热爱、一般、不热爱、非常不热爱。

为了研究传统体育与学校体育深度结合现阶段存在的问题对传统体育热爱程度产生影响的差异，本研究选择 Ridit 进行检验，得到如下结果：

$p=0.79>0.05$，接受原假设，说明传统体育融入高校体育现阶段存在的问题对传统体育热爱程度产生的影响不存在差异性。从平均 Ridit 值也可以得知，高校中发展传统体育活动存在的问题对传统体育热爱程度产生的影响没有显著的差异性，说明传统体育在高校传承改进后现阶段存在的问题均会对传统体育热爱程度产生影响。为了比较各个因素对发展传统体育的影响程度，笔者进一步研究发现，对传统体育热爱程度的影响主要因素是缺乏专业指导、参与受众群体人数不足和现代化宣传手段不足，其次是参与人员活跃度低、经费有限，其他因素对传统体育热爱程度产生的影响程度相近。

## 第三节　基于结构方程模型的满意度分析

### 一、理论分析与研究假设

#### （一）学校支持

学校支持是传统体育发展的有力保障，要充分发挥学校职能部门的主导作用，统筹调动各方面的力量，形成合力，共同推动高校传统体育的全面发展；充分利用传统体育的多元价值，服务国家经济、政治、文化、社会和生态建设，全面促进高校体育与民族传统体育相结合战略、区域协调发展战略和体育强国战略的实施。

#### （二）社会支持

传统体育项目往往具有较强的地域性，普及程度和受欢迎程度也各不相同。因此，要加强系统性搜寻、整理、开发，挖掘更多适宜学校开展的项目，深入挖掘其文化内涵。这就需要所在地区组织起来，通过策划社会性的项目带动更多学生加入传统体育，激发他们的兴趣。

### （三）文化层面

要扩大传统体育的受众面，需要加强文化层面的工作，如宣传工作，形成重视传统体育事业的舆论导向，增强在体育工作中落实党和国家民族政策的意识，提高人们对民族传统体育事业的重视程度。

### （四）个人感知

此处用个人感知代表个人接触传统体育后的感受，可以直观地展现传统体育带给人的影响与感受。

### （五）满意度

此处的满意度代表个人对传统体育整体项目与发展的满意程度。

根据以上分析，提出以下假设，见表 7-9。

**表 7-9 影响假设**

| 假设 | 内容 |
|---|---|
| H1 | 学校支持对社会支持有显著的正向影响 |
| H2 | 学校支持对文化层面有显著的正向影响 |
| H3 | 学校支持对个人感知有显著的正向影响 |
| H4 | 社会支持对个人感知有显著的正向影响 |
| H5 | 文化层面对个人感知有显著的正向影响 |
| H6 | 个人感知对满意度有显著的正向影响 |

## 二、模型的构建

### （一）观测变量的设置

问卷设计质量的信度检验指的是对问卷测量结果准确性的分析，即对设计的问卷在多次重复使用下得到的数据结果的精确性和可靠性检验，信度分析可以反映被测特征的真实程度。我们采用 Cronbach's $\alpha$ 信度测量问卷项目的内在一致性系数，结果如表 7-10 所示：

表 7-10　问卷设计质量的信度检验

| 潜变量 | 观测变量 | Cronbach's α 值 | 总体信度 |
|---|---|---|---|
| 学校支持 | 1. 学校基础设施建设完善程度 | 0.901 | 0.903 |
| | 2. 学校对传统体育的资金支持程度 | | |
| 社会支持 | 1. 地区开展传统体育项目活跃程度 | 0.785 | |
| | 2. 地区高校传统体育表演开展程度 | | |
| 文化层面 | 1. 互联网对高校宣传的重要性 | 0.886 | |
| | 2. 文化宣传对高校发展的重要性 | | |
| | 3. 提高学生对传统体育的重视 | | |
| 个人感知 | 1. 对传统体育的热爱程度 | 0.920 | |
| | 2. 对传统体育的评价 | | |
| 满意度 | 1. 对传统体育融入高校的满意度 | 0.803 | |
| | 2. 对所在地区绿色产业发展的满意度 | | |

从表 7-10 可知：信度系数值大于 0.7，说明研究数据信度质量良好。

### （二）模型的结果与解释

1. 潜变量之间的关系

（1）学校支持对社会支持和文化层面产生较为显著的正向影响，学校支持对文化层面产生的直接影响效果更大。

（2）社会支持和文化层面对个人感知产生较为显著的正向影响，文化层面对个人感知会产生更大的影响，个人感知直接影响满意度。

2. 潜变量与观测变量之间的关系

（1）对于学校支持而言，“基础设施完善程度”和“学校对传统体育的资金支持程度”的路径系数为 0.901，说明基础设施完善程度为主要影响因素。

（2）对于社会支持而言，“地区开展传统体育项目活跃程度”和“地区传统体育表演开展程度”的路径系数为 0.785，说明地区传统体育表演开展程度是主要影响因素。

（3）对于文化层面而言，“互联网对高校体育宣传的重要性”“传统文化宣传对高校发展的重要性”“提高学生对传统体育文化的重视”的路径系数为 0.886，说明提升学生对传统体育的兴趣是主要影响因素。

（4）对于个人感知而言，“对传统体育的热爱程度”和“对传统体育的评价”的路径系数为 0.920，说明对传统体育的评价是主要影响因素。

（5）对于满意度而言，“传统体育融入高校的满意度”和“对所在地区绿色产业发展的满意度的路径系数为 0.803，说明对传统体育融入高校的满意度是主要影响因素。

## 第四节　小结及发展建议

### 一、小结

#### （一）基于描述性统计的传统体育融入高校体育的现状分析

（1）使用分层抽样收取了相应数量的传统体育融入高校体育的情况问卷，共收回有效问卷 249 份。调查地区在镇江市各个学校，调查对象是参与传统体育活动的高校学生。

（2）统计发现，太极拳是学生最常参与的传统体育项目，占比约 62%，八段锦其次，占比约 19%，跳绳、游泳参与比例占比分别约 16%和 9%。参与传统体育项目的调查对象中，参与半年以内的最多，占比 43.73%。每周参与传统体育中，每周 1 次的最多，占比 61.74%，每周 5 次以上的占比 4.18%，从不参与传统体育运动的占比 7.07%。参与传统体育项目的目的中，参与传统体育运动为强身健体的最多，占比 89.18%。所在高校传统体育展示场合中，各层次比赛、节假日庆祝活动各占比 42.77%，运动会占比 35.28%，学生个人开展的锻炼活动占比 21.95%。

（3）传统体育融入高校体育各因素的重要程度中传统体育融入高校困境严重程度中经费有限最严重，往下依次为参与人员活跃度低、缺乏教练指导。传统体育融入高校体育可供渠道中强身健体提高生活质量、减少医疗开销体育人才是首要渠道，占比约 73%。对传统体育的热爱程度中特别喜欢占 31.19%。所在高校开展传统体育项目活跃程度中特别积极占 28.94%。高校传统体育表演开展程度中特别活跃占 29.58%。对所在地区学校体育场地是否满意中特别满意占 33.12%。所在地区学校对传统体育的教育特别重视占 33.44%。

### （二）使用 SPSS 软件对学生参与传统体育的情况进行交叉分析

年龄与参加传统体育频率无关；职业与参与项目时长无关；性别与每周参加频率无关；性别与参加时长无关。

### （三）基于 Ridit 检验的传统文化融入高校现阶段存在的问题分析

传统体育融入高校现阶段存在的问题对传统体育热爱程度产生的影响不存在差异性，从平均 Ridit 值也可以得知传统体育融入高校现阶段存在的问题对传统体育热爱程度产生的影响没有显著的差异性，说明传统体育融入高校现阶段存在的问题均会对传统体育热爱程度产生影响。

### （四）基于结构方程模型的满意度分析

1. 潜变量之间的关系

（1）学校支持对社会支持和文化层面产生较为显著的正向影响，学校支持比文化层面产生的直接影响效果更大。

（2）社会支持和文化层面对个人感知产生较为显著的正向影响，文化层面对个人感知会产生更大的影响。个人感知直接影响满意度。

2. 潜变量与观测变量之间的关系

（1）对于学校支持而言，基础设施完善程度为主要影响因素。

（2）对于社会支持而言，地区高校传统体育表演开展程度是主要影响因素。

（3）对于个人感知而言，对传统体育的评价是主要影响因素。

（4）对于满意度而言，对传统体育融入高校的满意度是主要影响因素。

## 二、传统体育融入高校的发展建议

### （一）建立传统体育课程体系

高校应该根据自身实际情况，建立适合本校学生的传统体育课程体系，包括传统体育项目的理论课程和实践课程，如太极拳、武术等，以满足学生的不同兴趣和需求。

### （二）加强师资队伍建设

高校应该加强传统体育师资队伍建设，培养更多的传统体育专业教师，提高教师教学水平和素质，以保证传统体育课程的教学质量。

### （三）加强与传统体育社区和社团的合作

高校应该积极寻求与传统体育社区和社团的合作，通过定期邀请专业人士到校指导，学生到社区或社团进行实践等方式，增强学生对传统体育的了解。聘请专业教练或教师进行传统体育项目的培训和指导可以提高学生的技能水平，激发学生参与传统体育的热情。

### （四）丰富传统体育活动形式

高校应该定期举办传统体育比赛、表演等活动，为学生提供更多参与机会和展示平台，以吸引更多的学生加入传统体育的行列。

### （五）加强传统体育文化宣传

高校应该加强传统体育文化的宣传，通过举办讲座、展览等方式，让学生了解传统体育的历史、文化、价值等，增强学生对传统体育的认同感和归属感。

### （六）建立传统体育俱乐部或社团

高校可以建立传统体育俱乐部或社团，鼓励学生自发组织、参与传统体育活动，提高学生对传统体育的参与度和积极性。

### （七）加强与其他高校的合作与交流

高校可以加强与其他高校的传统体育合作与交流，共同开展传统体育研究和教学活动，促进传统体育在高校的普及和发展。

### （八）引入现代科技手段

高校可以利用现代科技手段，如虚拟现实、增强现实等技术，为传统体育课程和活动注入新的元素，提高课程的趣味性和吸引力。

### （九）定期评估与反馈

高校应定期对传统体育课程和活动进行评估和反馈，及时发现问题和不足，并采取相应措施加以改进。

### （十）建立与传统体育产业的联系

高校可以与企业、文化机构等传统体育产业相关单位建立联系，开展合作，为学生提供更多的实践机会和就业渠道，促进传统体育产业的发展。

总之，将传统体育融入高校校园文化，可以丰富学生的课余生活，增强学生的身体素质和健康意识，同时也可以促进传统体育文化的传承和发展。将传统体育融入高校的发展是一项系统工程，需要高校从课程体系、师资队伍、活动形式、文化宣传、俱乐部或社团建设等多个方面进行努力，才能取得更好的效果。同时，高校也需要关注学生的需求和反馈，不断改进和完善传统体育工作，以更好地服务于学生的全面发展。

# 第八章

# 大运河镇江流域来华留学生参与休闲体育及传统体育研究

# 第一节　来华留学生参与休闲体育及传统体育的背景

## 一、问题的提出

（1）随着全球化的加速和中外文化交流的日益频繁，越来越多的留学生选择到中国学习。休闲体育及传统体育作为留学生课余生活的重要组成部分，对其身心健康、文化适应及跨文化交流具有重要意义。目前，休闲体育运动形式多样，国外休闲体育产业发展比较早，而我国休闲体育产业的发展较为滞后。同时，随着人们物质文化生活水平的提高，人们的生活理念也发生了变化——越来越注重自身的健康，越来越享受生活，休闲体育的发展迎来一个合适的契机。对留学生休闲体育及传统体育情况进行调查，一方面可以了解留学生休闲体育及传统体育的偏好以此来发展我国市场；另一方面可以为我国休闲体育及传统体育发展提供一定的理论和数据支持。

（2）国内外对休闲娱乐的研究都比较早，水平较高。下面以美国、英国和澳大利亚为例。美国大多数大学设立了休闲娱乐系或隶属于体育系的休闲娱乐学科。在美国，对休闲娱乐研究涉及的内容主要有：老年运动；水上运动；校园休闲；社区娱乐；学校娱乐；伦理；家庭娱乐；户外冒险；游戏；健康；康复娱乐；旅游和商业娱乐；整体幸福等。英国目前共有近百所高等院校开设了体育休闲相关专业。英国体育休闲相关专业大约分为3类：侧重休闲类的旅游、娱乐等服务性行业学科；侧重体育的大型活动策划、体育企业的管理等统筹类学科；和运动学、心理学、法律、设计等学科相互渗透，衍生出的更有针对性的专业科系。在澳大利亚休闲体育的发展中，划船、滑板、冲浪、滑雪、攀岩、骑马等时尚休闲类项目深受人们喜爱，这些项目的营运市场对专业人才有更多的需求。因此，体育类专业被列为澳大利亚移民紧缺专业。

（3）1995年6月，国务院颁布《全民健身计划纲要》，其全民健身计划到2010年的奋斗目标是：努力实现体育与国民经济和社会事业的协调发展，全面提高中华民族的体质与健康水平，基本建成具有中国特色的全民健身体系；1995年8月，我国颁布实施《中华人民共和国体育法》；

2008年北京奥运会胜利召开，国家体育总局将每年的8月8日定为全民健身日；2014年国务院发布了《关于加快发展体育产业促进体育消费的若干意见》；2016年国务院办公厅发布《关于加快发展健身休闲产业的指导意见》；2017年5月，体育总局办公厅发布了《关于推动运动休闲特色小镇建设工作的通知》；2017年9月，国家体育总局、国家发展和改革委员会、旅游局共同印发了《京津冀健身休闲运动协同发展规划（2016—2025年）》等。国家的体育事业呈现出蓬勃发展的态势，休闲体育研究顺应着时代的要求迅速发展，相继出现了数量可观的译著、专著和教材。

## 二、来华留学生休闲体育与传统体育市场发展

近年来，随着国内经济的持续增长和人们生活水平的提高，我国休闲体育与传统体育市场呈现出蓬勃发展的态势；同时，国外休闲体育市场历经长期发展，已具备较强的实力和影响力，本研究旨在了解来华留学生的休闲体育与传统体育消费习惯、需求偏好，以及市场发展的制约因素，为市场参与者提供有价值的数据和见解，以期为我国休闲体育与传统体育市场发展提供相关真实可靠的参考。

## 三、研究目的

（1）本研究通过对来华留学生群体休闲体育与传统体育消费习惯、需求偏好，以及市场发展的制约因素进行调查，为我国休闲体育与传统体育市场提供发展机会。

（2）对来华留学生进行研究所获得的数据、理论和结论为我国休闲体育与传统体育领域发展提供参考。

（3）来华留学生了解中国传统体育文化，他们作为中外文化交流的桥梁，有利于中国传统体育的海外传播。

## 四、研究角度与特色创新

### （一）休闲体育与传统体育市场特征

随着我国社会主义市场经济体系的逐步形成，应建立与社会主义市场

经济相适应、符合现代化体育运动规律、布局合理、门类齐全的休闲体育体系。而随着体育产业的进一步发展，休闲体育与传统体育行业逐渐出现了以下特征。

1. 市场大

主要表现在以下三个方面：第一，参与的人数多。在休闲体育活动中，参与人员不受技术和年龄的限制，各个层面的人群都可参与其中。第二，市场需求大。人们参与休闲体育活动的目的，可以概括为体育健身、体育娱乐和体育交往。人们在体育健身、娱乐、交往中对体育消费的需求也具有个性和多样性，而且会随着经济发展而增大、增多，由此会推动着把体育生产和经营事业做大，把休闲体育市场做大。第三，涉及行业多，辐射范围大。

2. 前景好

恩格尔系数是用来衡量居民生活水平高低的一项重要指标，也是检验一个国家是否进入小康社会的标志，这个指标指出了人们的经济收入用于食物的消费越低，相对地说，用于精神文化、体育、娱乐活动的投资费用就越高。人们在解决了衣食住行等必需的物质生活需求之后，希望在精神文化生活方面得到改善，全民健身热潮持续升温，休闲体育市场将有很大的需求。社会经济的发展和人们自身经济条件的改善也能够支持人们进行精神文化娱乐和休闲体育活动。

3. 效益高

拓展休闲体育市场不仅会产生较大的社会效益，还会带来较高的经济效益，是社会效益和经济效益的统一。从社会效益来看，拓展休闲体育市场，不仅能为社会创造财富，也能为更多的人提供就业机会。从经济效益来看，拓展休闲体育市场，使一些企业和个体工商户拓展了投资领域，从中获得商机，获得较好的经济效益；而且，拓展休闲体育市场也可以吸引更多的外商投资，拓宽投资领域，改变投资结构，利用外资、外国的先进技术和设备，推动我国社会主义市场经济进一步发展。

**（二）研究特色与创新**

（1）随着经济水平的提高，来华留学生也更加注重自身的身心健康，从而花费大量的时间与金钱参与休闲体育活动。

（2）对来华留学生休闲体育与传统体育的相关研究起步晚，对该群体进行探索得出的结论可供我国借鉴，同时，它也可将我国优秀的传统文化进一步宣传，促进国内外文化的融合。

（3）研究方法特色与创新：本研究综合运用问卷调查、访谈法和文献资料法等多种方法，提高了研究的科学性和可靠性。

## 五、研究方案设计及实施

### （一）研究步骤

（1）查找相关文献，对休闲体育与传统体育的概念进行深层次的认识，并了解国内外休闲体育之间的区别以及我国休闲体育市场的发展。

（2）对来华留学生群体进行访谈，提炼出重点信息，进而了解来华留学生所喜爱的休闲体育运动与传统体育项目，以及来华留学生休闲体育与传统体育运动的现状。

（3）设计并收集问卷。通过线上线下相结合的方式来发放问卷。为了使得调查结果更具信度和效度，邀请老师安排来华留学生在上课期间进行填写，从而获得更加全面而准确的信息。

（4）收取了一定数量的问卷后，对获得的数据进行预处理，得出完整的可以进行分析的问卷数据集。面对该数据集，先通过描述性统计对情况进行大致的了解，例如频数、比例、因素之间的差异等，了解留学生自身休闲体育活动情况，以及他们对国内外休闲体育的看法及建议，这将为接下来选择最为合适和准确的模型奠定基础。

（5）使用ACSI模型及结构方程模型进行进一步的整理和分析，获取数据中更深层次的信息，同时结合相关传统体育参与人员及学者的建议为留学生休闲体育及传统体育的发展和规划提供真实参考、合理建议。

### （二）研究方案设计

1. 调查内容

个人目前参与休闲体育及传统体育活动情况、对中国目前休闲体育与传统体育活动的了解、对自己国籍所在国家休闲体育活动提出个人建议。

2. 调查方法与方式

1）调查方法

（1）问卷调查法。问卷调查法是统计学中较为重要的一种数据收集方式，也是市场调查的主要调研方式。这一方法能够帮助调查者有效收集真实可靠的第一手数据。在计划调查留学生参与休闲体育与传统体育活动情况和他们对国内外休闲体育活动的看法时使用了此调研方法。

（2）专家访谈法。专家访谈法同样是统计学中较为重要的一种数据收集方式，也是市场调查的主要调研方式。这一方法能够帮助我们有效收集真实可靠的数据。在调查留学生对我国目前休闲体育与传统体育活动提出的建议及文化融合相关问题时使用了此调研方法。

2）调查方式

留学生因为语言沟通等原因影响了日常交流，因此问卷调查采用了线下问卷和线上问卷相结合的调查法，在调查过程中通过问卷星调研平台进行问卷设计，通过微信、QQ 等目标群体常用 App 进行问卷发布。

3）问卷设计

镇江市来华留学生休闲体育及传统体育调查问卷分为以下 5 个部分：

（1）基本信息包括性别、年级、年龄、国籍、来华学习生活时间等，这是为了对访问群体进行深层次的了解。

（2）个人目前参与的休闲体育与传统体育活动有哪些？每月参加休闲体育与传统体育活动的频率如何？每次参与休闲体育及传统体育运动的时间是多久？参加休闲体育及传统体育活动的目的是什么？最喜欢的休闲体育及传统体育项目是什么？更倾向于选择哪种形式的休闲体育及传统体育活动？对参与活动后所达效果的满意度如何？是否认为休闲体育及传统体育活动对身心健康有利？是否愿意投资在休闲体育及传统体育上？参与休闲体育及传统体育运动的地点有哪些？对周边的休闲体育及传统体育设施满意吗？影响您选择休闲体育及传统体育活动场所的主要因素是什么？

（3）对中国目前休闲体育与传统体育活动的了解：您通常通过什么方式了解中国的休闲体育及传统体育活动？您更倾向于参加中国哪种休闲体育及传统体育活动？您是否经常参与中国的休闲体育及传统体育活动？您认为休闲体育及传统体育活动对您的留学生活有何影响？您认为目前中国休闲体育及传统体育活动的设施和服务与国外相比如何？

（4）您在自己国籍所在国家经常参与哪些休闲体育活动？您觉得这些休闲体育活动在您的国家受欢迎吗？您觉得您国籍所在国家的休闲体育活动与中国的有何不同？您在自己的国家参与这些休闲体育活动的频率如何？

（5）提出个人建议：您认为影响休闲体育与传统体育发展的因素有哪些？您在选择休闲体育及传统体育活动时，最看重哪些因素？您愿意为休闲体育及传统体育投入多少预算？您觉得休闲体育及传统体育活动应该在哪些方面加以改进？有没有想过将自己国籍所在国家的休闲体育及传统体育项目带到中国，措施有哪些？

4）最佳样本量的确定（第五章有详细说明）

5）问卷设计难点及应对措施

在问卷设计过程中，同样遇到了一些困难，例如：① 文化差异：由于来华留学生具有不同的文化背景，他们在理解和回答问卷问题时可能会受到文化因素的影响，如何确保问题的普遍性和适用性是一个挑战。② 语言障碍：虽然大部分来华留学生的英语水平应该足够完成问卷，但一些特定术语或表达方式可能仍会造成理解困难。③ 问卷题目设置逻辑性不强，没有做到循序渐进。

应对措施：① 文化差异应对：在设计问卷时，应尽可能考虑各种文化背景，使用中性、普遍的语言。如有需要，也可提供多种语言选项。② 语言障碍应对：对于可能造成理解困难的专业术语或表达方式，应提供解释或替代选项。同时，也可以选择使用简单的语言来描述问题。③ 逻辑性不强应对：将题目分为四大块，个人目前参与休闲体育与传统体育活动的情况，对中国目前休闲体育与传统体育活动的了解，对自己国籍所在国家的休闲体育活动提出个人建议。由此，问卷逻辑性更强，受调查者填写问卷时会有更清晰的思路和良好的感受。

**（三）质量控制**

调查过程中的质量控制至关重要，其可以使得所获得的数据和信息更加真实有效。为此，对调查过程进行了质量控制：现场对来华留学生群体开展问卷调查，提高问卷的有效性；针对数据录入，制定统一的数据录入标准和格式，确保所有录入人员遵循相同的操作规程；对录入人员进行培训，使他们了解数据录入的重要性和如何避免常见的错误；同时，利用问卷调查软件的自动数据录入功能，减少人工输入的错误；使用扫描和光学字符识别（OCR）技术将数据转换为电子格式；采用双重录入法，即由两名不同的录入员分别录入同一数据，然后对比两者结果以确保数据的准确性。

设置以下规则剔除无效问卷：① 前后出现矛盾选项的问卷。② 答题时间少于 90 秒的问卷。③ 连续 8 道题选择同一答案的问卷。根据以上规则，23 份无效问卷被剔除，问卷有效回收率 86.06%。

### (四) 信效度检验

1. 信度检验

问卷设计质量的信度检验指的是对问卷测量结果准确性的分析，即对设计的问卷在多次重复使用下得到的数据结果的精确性和可靠性进行检验，信度分析可以反映被测特征的真实程度。采用 Cronbach's α 信度测量问卷项目的内在一致性系数，信度系数值大于 0.7，说明研究数据信度质量良好。

2. 效度检验

效度指能够准确测出所需研究的事物的程度，即有效性。效度分为三种类型：内容效度、准则效度和结构效度。在实际调查问卷的效度分析中，选择一个合适的准则往往十分困难，于是结构效度主要针对量表和连续变量进行考察。使用 SPSS 软件对预调研问卷进行信度检验，得到问卷整体的 Cronbach's α 系数为 0.873。这个值高于 0.8 的标准阈值，表明问卷的题目结构和选项设计是合理的，且问卷具有很高的内部一致性。这表明受调查者对问卷问题的回答在不同题目间保持了较高的一致性，问卷可以有效地测量预定的构念或变量。

3. 游程检验

游程检验是一种统计工具，它通过分析数据序列中连续相同数值的出现（即游程）来评估数据的随机性。这种方法易于理解和实施，因为它不依赖于数据的分布形态，也不需要复杂的计算，通过计算实际观察到的游程数量与理论上随机分布下期望的游程数量之间的差异，研究者可以对数据的随机性进行初步评估。本研究中从受调查者的“性别”“年龄”“国籍”“年级”4 个方面信息进行了游程检验。对于 142 份有效问卷，假设检验问题为：H0：序列样本数据出现样本随机性；H1：序列样本数据出现样本不随机性。

使用 SPSS 软件对各个分类变量进行样本的游程检验，游程检验的结果显示，显著性 $p$ 值均远大于 0.05，水平上不呈现显著性，取 $\alpha=0.05$，由检验结果知：$-1.96<Z<1.96$，即无法拒绝原假设 H0，因此可以认为样本数据没有违反随机性，被调查者基本信息呈现随机性，数据质量较高。

关于数据分析方法，第五章有详细说明。

# 第二节　来华留学生参与休闲体育及传统体育的描述性统计分析

## 一、来华留学生基本情况与其对休闲体育和传统体育活动看法分析

### （一）性别

数据表格显示，有效填写人数为142。其中，男性占了绝大多数，达到了97.89%，而女性仅占2.11%。因此，可以得出结论，参与调查的人群中男性比例远远高于女性。

### （二）年级

本题有效填写人数为142，其中大一年级的来华留学生占比94.37%，大二年级、大三年级和大四年级的来华留学生分别占比1.41%、2.82%和1.40%。可以看出，本样本中大一年级的来华留学生数量远远多于其他年级的来华留学生数量。

### （三）国籍（图8-1）

在调查的142名留学生中，国籍为孟加拉国35人，占比24.65%，摩洛哥24人，占比16.90%，加纳20人，占比14.09%，日本7人，占比4.93%，津巴布韦7人，占比4.93%，英国5人，占比3.52%，马来西亚5人，占比3.52%，美国3人，占比2.11%，其他国籍留学生36人，占比25.35%。

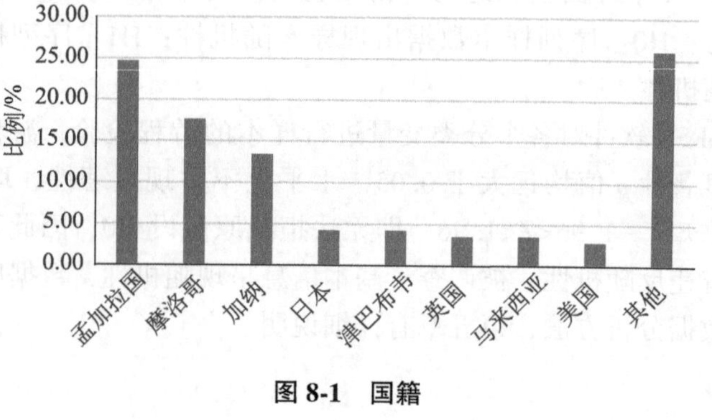


图8-1　国籍

### （四）年龄

在我们收取的问卷中，81.69%的来华留学生年龄在20岁及以下，11.97%的来华留学生年龄为21岁，0.7%的来华留学生年龄为22岁，2.82%的来华留学生年龄为23岁，2.82%的来华留学生年龄在24岁及以上。可以看出，参与调查的来华留学生人群中，年龄在20岁以下的人占比最高，超过80%。

### （五）在中国学习、生活时间

数据表格显示，参与调查的来华留学生中，有42.25%的人在中国学习、生活了6个月以下，14.79%的人在中国学习、生活了6个月到12个月，9.15%的人在中国学习、生活了1年到3年，而有33.81%的人在中国学习、生活了3年以上。可以看出，在中国学习、生活时间最长的人群占比较大，达到33.81%。

### （六）参与休闲体育及传统体育项目情况

根据数据表格，可以得出以下描述性分析结果：① 球类运动是最受欢迎的活动，有91人选择，占总有效人数的64.08%。② 健身也很受欢迎，占总有效人数的61.27%。③ 跑步、散步是第三受欢迎的活动，有60人选择，占总有效人数的42.25%。④ 游泳类是第四受欢迎的活动，有35人选择，占总有效人数的24.65%。⑤ 舞蹈和武术的选择人数相同，都是30人，占总有效人数的21.13%。⑥ 射箭是较少人选择的活动，有26人选择，占总有效人数的18.31%。⑦ 登山、野营是较少人选择的活动，有20人选择，占总有效人数的14.08%。⑧ 其他活动的选择人数最少，只有9人选择，占总有效人数的6.34%。综上所述，球类运动和健身是参与休闲体育活动的人群中最受欢迎的活动，而射箭和登山、野营是较少人选择的活动。

### （七）每月参与休闲体育及传统体育活动的频率

数据表格显示，参与休闲体育与传统体育活动的来华留学生中，每天参与活动的人占比23.24%，经常参与活动的人占比49.30%，偶尔参与活动的人占比25.35%，从不参与活动的人占比2.11%。有效填写本题的人数为142。从数据分析可以看出，参与休闲体育活动的人群中，经常参与活动的人占比最高，达到49.30%。这表明有一部分人非常重视休闲体育及传统体育活动，每个月都会积极参与。其次是偶尔参与活动的人群，占比为25.35%，这部分人可能由于时间或其他原因无法经常参与，但仍然愿意在适当的时候参与休闲体育及传统体育活动。每天参与活动的人占比为23.24%，也有一定比例的人每天都会进行休闲体育及传统体育活动，这可能是他们的日常习惯或生活方式的一部分。从不参与活动的人占比最低，仅为2.11%，这表明大多数人都愿意积极参与休闲体育及传统体育活动。综上所述，参与休闲体育及传统体育活动的留学生中，经常参与活动的人占比最高，说明大部分人都有意识地保持身体健康，通过休闲体育及传统体育活动来锻炼身体。

### （八）每次参与休闲体育及传统体育运动的持续时间

根据数据表格，可以得出以下结论：大部分来华留学生（65.49%）选择每次参与休闲体育及传统体育运动的时间在60分钟以下（选项A和B的比例）；相对较少的人（34.51%）选择每次参与休闲体育运动的时间在60分钟以上（选项C和D的比例）；选项B（30~60分钟）是最受欢迎的选择，有37.32%的人选择这个时间范围。这些结果可以为休闲体育及传统体育运动的组织者和相关决策者提供参考。

### （九）参与休闲体育及传统体育活动的目的（图8-2）

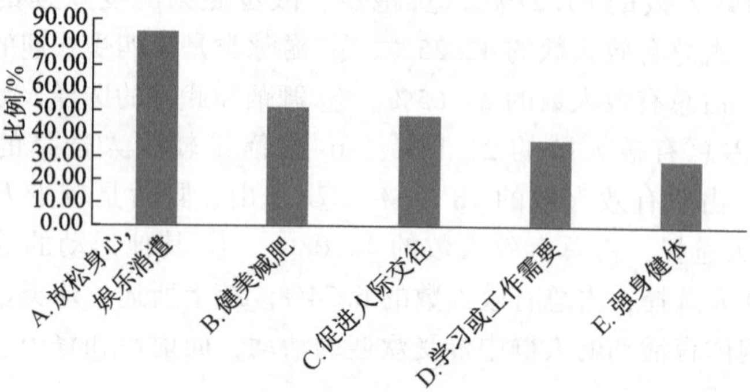


图8-2　参与休闲体育及传统体育活动的目的

## （十）最喜欢的休闲体育及传统体育项目（图 8-3）

图 8-3 最喜欢的休闲体育及传统体育项目的词云图

上述数据显示：球类休闲体育活动项目普遍更受人们的欢迎。

## （十一）更倾向于选择哪种休闲体育及传统体育项目

根据数据表格，可以得出以下结论：在所有有效填写人数中，大多数人（80.28%）更倾向于选择户外活动作为休闲体育活动。仅有少部分人（7.75%）倾向于选择健身作为休闲体育活动。一部分人（9.15%）更喜欢把家庭锻炼作为休闲体育活动的形式。只有很少一部分人（2.82%）选择了其他形式的休闲体育及传统体育活动。综上所述，户外活动是参与者最喜欢的休闲体育活动形式，而健身和家庭锻炼也受到了一定程度的青睐，其他形式的休闲体育活动选择的人则相对较少。

## （十二）参与休闲体育及传统体育活动后效果满意度

根据数据表格显示，超过 90%的参与者对参与休闲体育及传统体育活动后所达效果表示满意，其中 52.11%的人认为效果非常好，38.73%的人认为效果好。只有极少数人（3.52%）对效果不满意，其中 2 人认为效果非常差。因此，可以得出结论，参与休闲体育活动达到的效果普遍较好，大多数人都对此表示满意。

## （十三）是否认为休闲体育及传统体育活动对身心健康有利

从给出的数据表格中，可以清晰地看到大部分受调查者对于休闲体育及传统体育活动对身心健康有利的观点持有强烈的认同态度。具体来说，有 59.86%的受调查者选择了“非常认同”，而 30.28%的受调查者选择了

"认同"。两者合计，超过90%的受调查者认为休闲体育及传统体育活动对身心健康是有益的。仅有8.45%的受调查者选择了"一般"，表示他们对这一观点的态度是中立的。而持反对意见者，即选择"不认同"和"非常不认同"的受调查者合计仅占1.41%，其中选择"不认同"的受调查者有2人，而选择"非常不认同"的受调查者则为0人。综上所述，绝大多数受调查者都认同休闲体育及传统体育活动对身心健康有益的观点，而持反对意见的受调查者则相对较少。这表明休闲体育及传统体育活动被大多数来华留学生视为一种有益于身心健康的活动。

**（十四）是否愿意在休闲体育及传统体育活动上花费时间和精力**

根据数据表格可以看出，大部分来华留学生都愿意在休闲体育及传统体育活动上花时间和精力。

**（十五）参与休闲体育及传统体育活动的地点**

根据数据表格显示，参与休闲体育及传统体育活动的来华留学生中，73.24%的人选择在学校公共场所进行，13.38%的人选择在公园广场进行，7.04%的人选择在住处进行，6.34%的人选择在收费场所进行。可以看出，学校公共场所是参与休闲体育活动的首选地点，其次是公园广场和住处，收费场所成为最后的选择。

**（十六）对周边休闲体育及传统体育设施的满意度**

在提供的数据中，可以看到休闲体育及传统体育设施的满意度主要集中在"满意"和"非常满意"两个选项上，分别占据了45.07%和40.14%的比例。这显示出大部分人对周边的休闲体育设施持有正面评价。不满意情况：仅有1.41%的人选择了"不满意"，且没有人选择"非常不满意"。这进一步表明，虽然存在一些不满意的声音，但整体而言，不满意的比例非常低。有13.38%的人选择了"一般"，这可能意味着这部分人对休闲体育设施既没有明显的满意也没有明显的不满意，或者他们认为设施在某些方面有待提升。综上所述，大多数人对周边的休闲体育及传统体育设施持有满意或非常满意的评价，但仍有少数人对设施的评价为一般或不满意。为了进一步提升满意度，需要关注这些不满意或评价为一般的人群的需求和期望，并据此改进。

## （十七）影响选择休闲体育及传统体育活动场所的因素（图 8-4）

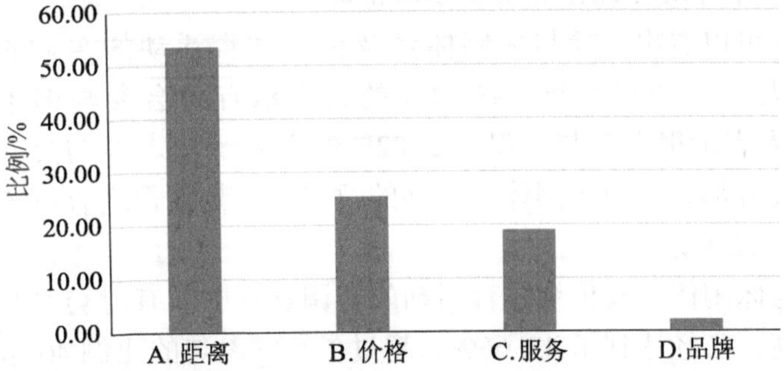


**图 8-4 影响选择休闲体育及传统体育活动场所的因素**

## （十八）倾向参与中国哪种休闲体育及传统体育活动

数据表格显示，来华参与中国休闲体育及传统体育活动的留学生中，选择太极拳的比例最高，达到 67. 61%。其次是龙舟活动，占比为 33. 80%。瑜伽和舞狮的比例分别为 30. 28% 和 29. 58%。选择其他活动的比例较低，仅为 11. 27%。综上所述，太极拳是来华留学生参与中国体育活动中最多人的选择，其次是龙舟、瑜伽和舞狮。其他活动选择的人相对较少。

## （十九）通过何种渠道了解中国休闲体育及传统体育活动

根据数据统计，可以得出以下结论：电视节目是来华留学生了解中国休闲体育及传统体育活动的主要渠道，占总有效次数的 66. 90%。这说明电视节目在传播休闲体育及传统体育活动信息方面起到了重要作用。网络平台是第二位了解渠道，占总有效次数的 62. 68%。随着互联网的普及，越来越多的人通过网络平台获取休闲体育及传统体育活动的信息。朋友介绍是第三位了解渠道，占总有效次数的 52. 82%。这表明朋友之间的口碑传播对推广休闲体育及传统体育活动具有一定的影响力。亲身参与是了解渠道中的一种，占总有效次数的 41. 55%。这说明一部分人通过亲身参与休闲体育及传统体育活动来了解更多相关信息。其他渠道（包括其他途径）占总有效次数的 1. 41%。这是一个较小的比例，可能是因为其他传播渠道相对较少或者不太受人们关注。综上所述，电视节目、网络平台和朋友介绍是了解中国休闲体育及传统体育活动的主要途径，而亲身参与也是一种重要途径。这些结果可以为相关机构和组织在宣传和推广休闲体育及传统体育活动时提供参考。

### （二十）是否经常参与中国休闲体育及传统体育活动

1. 休闲体育及传统体育活动参与情况

从数据可以看出，参与休闲体育及传统体育活动的受调查者中，有40.14%的人表示经常参与，43.66%的人表示有时会参与但不经常，而13.38%的人表示很少参与，仅有2.82%的人表示从未参与过。这表明大部分受调查者都有参与休闲体育活动的习惯，但频繁程度有所不同。

2. 参与频率分布

在参与休闲体育及传统体育活动的受调查者中，有时会参与但不经常的比例最高，已经达到了43.66%，超过了经常参与的比例40.14%。这表明，虽然很多人对休闲体育及传统体育活动持积极态度，但并非所有来华留学生都能保持高频率的参与度。

3. 休闲体育及传统体育活动普及程度

从“从未参与过”的选项来看，只有2.82%的受调查者从未参与过休闲体育及传统体育活动。这表明，休闲体育及传统体育活动在中国的普及程度相对较高，大多数来华留学生至少有过参与的经历。

综上所述，休闲体育及传统体育活动在中国的普及程度较高，大部分人都有亲身参与的经历。然而，参与频率分布显示，虽然很多来华留学生对休闲体育及传统体育活动持积极态度，但并非所有人都能保持较高的参与度。这可能与个人的兴趣、时间、经济等因素有关。

### （二十一）对自己留学生活的影响

休闲体育及传统体育活动对来华留学生的留学生活产生了积极影响。

### （二十二）国内外休闲体育及传统体育设施比较

根据数据统计，中国休闲体育及传统体育活动的设施和服务与国外相比，46.48%的受调查者认为相当，39.44%的受调查者认为优于国外，14.08%的受调查者认为不如国外。可以看出，大多数受调查者认为中国的休闲体育及传统体育活动设施和服务与国外相当或更好。

### （二十三）在自己国籍所在的国家经常参与哪些休闲体育及传统体育活动

受调查者在自己的国家经常参与的休闲体育及传统体育活动多样化，其中滑板最受欢迎，攀岩、马术、冲浪和滑雪也占有一定的比例。此外，还有一些其他未列出的活动也受到受调查者的青睐。这些数据反映了受调查者国家休闲体育及传统体育活动的多样性和普及程度。

### （二十四）这些休闲体育及传统体育活动在自己国家是否受欢迎

根据数据统计，对于这些休闲体育及传统体育活动在留学生国籍所在国家的受欢迎程度，选项 A（非常受欢迎）和选项 B（比较受欢迎）是最受欢迎的选项，分别占比 43.66%和 38.73%。选项 C（一般）占比 13.38%，选项 D（不太受欢迎）占比 2.82%，选项 E（非常不受欢迎）占比 1.41%。根据数据可知，大多数人对这些休闲体育及传统体育活动持积极态度，认为它们在该国家是受欢迎的。

### （二十五）这些休闲体育及传统体育活动在中国是否受欢迎

根据数据统计，对于这些休闲体育及传统体育活动在中国的受欢迎程度，有 40.14%的留学生认为非常受欢迎，35.92%的留学生认为比较受欢迎，19.01%的留学生认为一般，4.23%的留学生认为不太受欢迎，0.7%的留学生认为非常不受欢迎。从整体来看，大部分留学生对这些休闲体育活动持有积极态度，认为它们在中国是受欢迎的。

### （二十六）在自己国家参与休闲体育及传统体育活动的频率

在自己国籍所在的国家参与休闲体育及传统体育活动的频率分布中，大多数留学生倾向于“经常”参与，占比达到了 47.18%，显示出较高的参与度。紧随其后的是“每天”参与，占比 30.28%，说明有一部分人形成了每天参与体育活动的习惯。相比之下，“偶尔”参与和“从不”参与的比例较低，分别为 19.72%和 2.82%。这表明来华留学生在其国籍所在国家的休闲体育及传统体育活动的普及度和参与度都相对较高，大多数来华留学生都有参与休闲体育及传统体育活动的习惯或意愿。

### （二十七）在选择休闲体育及传统体育活动时最看重哪些因素（图 8-5）

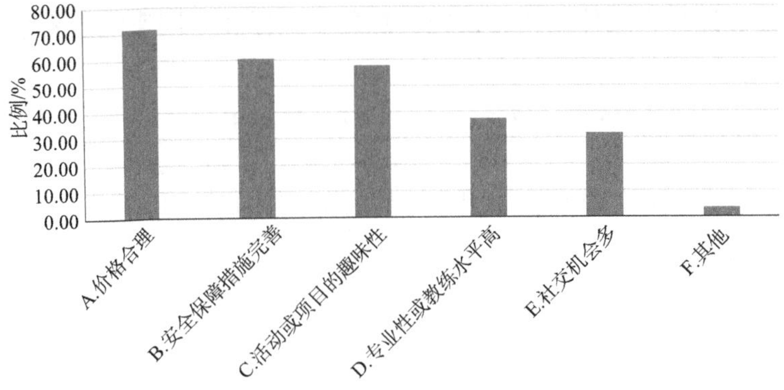


图 8-5　选择休闲体育及传统体育活动最看重的因素

## 二、基于灰色关联分析对周边的休闲体育及传统体育设施的满意程度影响因素探究

### （一）模型介绍

灰色关联分析是一种适用于小样本、不完全信息的数据分析方法，它通过计算各因素之间的关联度来分析因素对某一事物的影响程度。在探究周边休闲体育及传统体育设施的满意程度影响因素时，灰色关联分析能够有效地识别并量化各种因素对满意度的贡献。

### （二）模型建立

确定影响周边休闲体育设施满意程度的主要因素，即距离因素、价格因素、服务因素、品牌因素。针对被调查者的数据进行独热编码，如图 8-6 所示：

```
import pandas as pd
from sklearn.preprocessing import OneHotEncoder
file_path = 'dure.xlsx'
df = pd.read_excel(file_path)
columns_to_encode = ['distance', 'price', 'service', 'brand']
encoder = OneHotEncoder(sparse=False)
columns_data = df[columns_to_encode]
encoded_data = encoder.fit_transform(columns_data)
encoded_df = pd.DataFrame(encoded_data, columns=encoder.get_feature_names(columns_to_encode))
df_encoded = pd.concat([df.drop(columns_to_encode, axis=1), encoded_df], axis=1)
df_encoded.to_excel(output_file, index=False)
print(f'独热编码完成，数据已保存到 "{output_file}"。')
```

图 8-6　独热编码 Python 操作

对各变量进行无量纲化处理，以消除不同指标间的量纲影响，通过灰色关联分析计算周边休闲体育设施满意程度指标和不同影响因素之间的关联度：

$$\xi_i(l)=\frac{\min\ \min\left|x(l)-x_i(l)\right|+\rho\max\ \max\left|x(l)-x_i(l)\right|}{\left|x(l)-x_i(l)\right|+\rho\max\ \max\left|x(l)-x_i(l)\right|}$$

其中，$\xi_i$（$l$）表示第 $i$ 个影响因素与周边休闲体育设施满意程度中第 $l$ 个样本之间的关联系数。

影响因素与评价指标的相关度：

$$r_i=\frac{\sum_{k-1}^{n}\xi_I(l)}{n}$$

### （三）结果分析

通过计算得到的关联度，可以对各影响因素进行排序，从而确定对满意度影响最为显著的因素（表 8-1）。

表 8-1 评价指标灰色关联系数

| 参考序列 | 评价指标 | 关联度 |
|---|---|---|
| 对周边休闲体育及传统体育设施满意程度 | 品牌因素 | 0.628 |
| | 价格因素 | 0.572 |
| | 距离因素 | 0.428 |
| | 服务因素 | 0.394 |

根据表 8-1 可知，品牌因素与满意程度关联性较大，因此得出使用更好的品牌能够让来华留学生满意程度提高的结论。可能是因为注重品牌的来华留学生对体育休闲及传统体育活动场所更有认可度。

## 三、基于二元 Logistic 回归探究对体育锻炼喜爱度的影响因素

### （一）因变量：受调查者喜欢还是不喜欢参与体育锻炼

第 $i$ 个体“喜欢还是不喜欢参与体育锻炼”该二元因变量选择“喜欢”时，$Y_i$ 取值为 1；选择“不喜欢”时，$Y_i$ 取值为 0。

### （二）自变量：影响受调查者对体育锻炼喜爱度的因素

为了定量分析受调查者的性别、年级、年龄、所学专业、月可支配收入、国籍这 6 种因素对受调查者对体育锻炼喜爱度的影响，给问卷选项编码。

1. Logistic 回归模型的建立

二元 Logistic 回归模型可以表示为公式 $P(y|\boldsymbol{X};\boldsymbol{\theta})=g(\boldsymbol{\theta}^T\boldsymbol{X})=\dfrac{1}{1+e^{-\boldsymbol{\theta}^T}x}$，

决策函数为 $y=\begin{cases}0, & P(y=1|\boldsymbol{X})\leqslant 0.5\\ 1, & P(y=1|\boldsymbol{X})>0.5\end{cases}$，使用最大似然估计求 $\theta$ 使得 $P(y|\boldsymbol{X};\boldsymbol{\theta})$ 最大。本书使用二元 Logistic 回归模型分析 6 种因素对体育锻炼喜爱度的影响。设 $P(P\in[0,1])$ 为喜欢的概率，则（$1-P$）为不喜欢的概率，$P/(1-P)$ 为喜欢的逻辑回归比值，对其取自然对数为 $\ln[P/(1-P)]$。

2. 模型拟合效果检验

为判断二元 Logistic 回归方程是否有意义，对模型进行拟合优度检验，

采用检验来判断模型拟合效果。结果卡方值为4.682，显著性为0.795远大于0.05，因此不拒绝原假设，认为观测数据和回归模型拟合情况良好，可认为模型有效。

3. 模型结果及分析

使用SPSS软件进行分析，选用输入方法，选取显著性水平为0.05，得到显著影响体育锻炼喜爱度的因素为：性别、年级、所学专业、月可支配收入、国籍。变量的显著性均小于0.05，表明变量在5%的显著性水平下通过显著性检验，对各变量分析如下：

1）性别

二元选择模型结果显示，回归系数为正，表明男性来华留学生相较于女性来华留学生更喜欢体育锻炼。

2）年级

二元选择模型结果显示，回归系数为负，表明年级较低相较于年级较高的留学生更喜欢体育锻炼。

3）所学专业

二元选择模型结果显示，专业为体育学的回归系数为负，表明专业为体育学的来华留学生相较于其他专业留学生更喜欢体育锻炼。

4）月可支配收入

二元选择模型结果显示，回归系数为负，表明月可支配收入更高的留学生更喜欢体育锻炼。

5）国籍

二元选择模型结果显示，国籍为孟加拉国的回归系数为正，表明国籍为孟加拉国的来华留学生更喜欢体育锻炼。

## 第三节　小结及发展建议

### 一、小结

#### （一）来华留学生对国内外休闲体育及传统体育活动看法分析

（1）使用分层抽样收取了相应数量的来华留学生休闲体育及传统体育调查问卷，共收回有效问卷142份，男性占比97.89%。参与休闲体育及传统体育活动者以年轻人为主。调查地区在学校及周边，调查对象是来华留学生。

（2）统计发现，对于参与休闲体育及传统体育活动的来华留学生人群，球类运动是最受欢迎的活动，健身也非常受欢迎。参与休闲体育活动的人群中，经常参与活动的人占比最高，达到49.3%，这表明有一部分人非常重视休闲体育活动，每个月都会积极参与。每次参与休闲体育的持续时间：大部分人（65.49%）选择每次参与休闲体育及传统体育活动的时间在60分钟以下，相对较少的人（34.51%）选择每次参与休闲体育运动的时间在60分钟以上。参与休闲体育及传统体育活动的目的：参与休闲体育及传统体育活动为放松身心、娱乐消遣的最多，占84.51%。最受人们喜爱的休闲体育运动项目是足球。超过90%的参与者对参与休闲体育及传统体育活动后所达效果表示满意，其中52.11%的人认为效果非常好，38.73%的人认为效果好。只有极少数来华留学生（3.52%）对效果不满意。高达90.85%的来华留学生愿意在休闲体育及传统体育活动上进行投入。大多数人对周边的休闲体育及传统体育设施持有满意或非常满意的评价，但仍有少数人对设施的评价为一般或不满意，为了进一步提升满意度，需要关注这些不满意或评价为一般的人群的需求和期望，并据此加以改进。

（3）通过对来华留学生对我国休闲体育及传统体育的认知进行调查可知：来华留学生主要通过电视节目来了解我国的休闲体育及传统体育项目。太极拳是来华留学生参与中国传统体育活动的人最多的选择，其次是龙舟、瑜伽和舞狮。中国休闲体育及传统体育活动的设施和服务与国外相比，46.48%的受调查者认为相当，39.44%的受调查者认为优于国外，14.08%的受调查者认为不如国外。可以看出，大多数受调查者认为中国的休闲体育及传统体育活动设施和服务与国外相当或更好。来华留学生在自己的国家经常参与的休闲体育及传统体育活动多样化，其中滑板最受欢迎，攀岩、马术、冲浪和滑雪也占有一定的比例。这些数据反映了来华留学生国家休闲体育及传统体育活动的多样性和普及程度。

### （二）基于灰色关联分析对周边的休闲体育及传统体育设施的满意程度影响因素探究

通过计算得到的关联度，可以对各影响因素进行排序，从而确定对满意度影响最为显著的因素。根据表8-1可知，品牌因素与满意程度关联性较大，更好的品牌能够让来华留学生满意程度提高的结论，可能是因为注重品牌的来华留学生对休闲体育及传统体育活动场所更有认可度。

## 二、发展建议

（1）多元化体育活动的推广。据调研结果可知，来华留学生对不同体育活动兴趣广泛，因此建议学校和社会团体组织多元化的体育活动，如户外运动、舞蹈、瑜伽，以及龙舟、舞龙舞狮等传统体育项目，以满足不同来华留学生的需求。

（2）体育设施的完善。调研显示，部分来华留学生反映体育设施投设量不足，因此，建议高校及相关部门加大对体育设施的投入，以提升设施的完善度和使用率。

（3）体育文化交流活动。结合留学生的多元文化背景，建议组织跨文化的体育交流活动，如国际体育赛事、体育文化交流节等，促进来华留学生之间的友谊和文化交流，宣传我国的优秀传统文化。

（4）健康教育与宣传。调研发现，部分来华留学生对休闲体育及传统体育的益处缺乏了解。因此，建议开展定期的健康教育和宣传活动，提高来华留学生对休闲体育及传统体育的认知和参与度。

（5）建立来华留学生体育社团。鼓励并支持来华留学生自发组织体育社团，为其提供必要的指导，让其更自由地参与和享受体育活动。

# 第九章

# 大运河镇江流域来华留学生体育消费及传统体育消费研究

# 第一节 来华留学生体育消费及传统体育消费的背景

## 一、来华留学生体育消费及传统体育消费市场的发展

（1）西方从20世纪初期开始兴起对消费者行为进行研究，而当时研究动机的心理学家，如弗洛伊德，其动机理论给消费者行为研究的工作提供了基本的理论及技巧，在20世纪60年代消费者行为就已成为一门独立的学科。研究者们开始从经济学、社会学和心理学等不同视角及研究方法入手，分析消费者的行为、动机等因素，把消费者作为一个完整的人来进行研究。随着数据时代的开启，国外对于消费者行为的研究开始以调查数据为基础，用数据模式去预测消费者行为。

（2）随着国民的生活水平不断提高，温饱问题也开始得到了保障，我国的经济发展神速、市场经济发展蓬勃，国民开始注重养生、保养及健康，不再停留在温饱的问题上面。而促进身体健康的方法之一就是体育运动，全民运动的时代已经开展了很长时间，逐渐成为我国人民重要的生活方式，各种体育项目应运而生，比如休闲体育拥有了较好的发展潜力。马克思认为，现代生产力发展的客观要求促进了现代人对体育的需求。在物质生产发展的基础上，地球上的每一位成员都有权享受各种权益，健康、精神和道德等较多方面都得到了全面的发展，这样的发展促进了人们对体育的需求，这一切都是由社会生产发展的客观规律而不是人们的主观意愿决定的。

（3）在我国大力发展体育产业的浪潮下，优化体育产业市场结构、促进体育消费，是一项重要举措。随着这种发展趋势，人们的生活质量越来越高，人们对健康这一理念也越来越重视。大学作为人生成长中的一个重要阶段，是世界观、人生观、价值观形成的重要阶段，因此培养和引导大学生的体育消费习惯就显得十分有必要。来华留学生这一群体是大学生中较为重要的一部分，镇江市高校每年接收大量来自不同国家的留学生。为了解来华留学生的体育消费习惯，促进留学生人群在华进行体育消费活动，为发展国内体育消费市场提供借鉴，同时帮助我国大学生形成正确的体育消费观，帮助学生形成终身体育的观念，促进身心健康，笔者进行了

相关调查。

## 二、研究目的

本研究以大运河镇江流域的各高校来华留学生为调查对象，有针对性地研究来华留学生的体育消费及传统体育消费情况，并通过与当地大学生的对比分析，归纳出大运河镇江流域高校来华留学生体育消费的主要特征及存在的一些问题，引导并合理促进来华留学生的体育消费。

## 三、来华留学生体育消费的特征

来华留学生的体育消费特征与我国大学生有所不同。他们受本国文化影响，对于体育运动的热情较高，平时会投入更多的时间进行体育锻炼。因此，相对而言，他们在体育产品方面的消费更多、更杂。来华留学生的体育消费有以下特征。

（1）消费时间灵活：来华留学生课程较少，闲暇时间较多，拥有大量时间参与体育运动，而且参与体育锻炼的时间较随意，无固定时间，且伴随一定的观赛需求。

（2）消费动机明确：来华留学生内部消费动机更注重“强身健体”和“休闲娱乐”，外部动机更注重社交方面的需求。

（3）消费项目偏好简单：来华留学生在体育消费项目上多选择简单、易上手的体育项目，比如大多数来华留学生会在晚上去健身房进行锻炼。

（4）消费形式以个人为主：来华留学生总体倾向于参与性体育消费活动，体育消费形式以个人为主。

（5）消费水平国别差异：来华留学生的消费水平在不同国家之间存在差异。

（6）消费偏好国际品牌：来华留学生的消费品牌以“耐克”“阿迪达斯”“彪马”为主，而他们对我国运动品牌认识不够深入。

（7）消费信息获取依赖网络和本国同伴：来华留学生的消费方式以网络为主导，主要通过本国同伴了解体育消费相关信息。

（8）消费环境影响满意度：来华留学生的消费环境受场地设施不足及所处环境师生关系情况影响，他们大体对我国体育消费市场情况持满意态度，想购买到价廉物美的体育产品。

## 四、研究方案设计及实施

### （一）研究步骤

1. 文献综述

查找相关文献，明确当代学者在体育消费和传统体育消费方面的研究进展及研究深度，了解体育行业的相关信息，进一步聚焦调查目的，重点考察前人研究中还未完备的方面来确定调查范围和调查方案。

2. 深度访谈

对来华留学生中进行体育消费的学生单独访谈，提炼出重点信息，进而得出来华留学生体育消费及传统体育消费的现状。

3. 设计以及收集问卷

通过线上线下相结合的方式来发放问卷，同时依据调查范围来筛选符合条件的来华留学生。为了使得调查结果更具信度和效度；对部分受调查者进行了电话访问，从而获得更加全面而准确的信息。收取了一定数量的问卷后，对获得的数据进行预处理，得出完整的可以进行分析的问卷数据集。面对该数据集，先通过描述性统计对情况进行大致的了解，例如频数、比例、因素之间的差异等，了解来华留学生体育消费及传统体育消费的状况，为后续选择最为合适的模型奠定基础。

4. 数据分析与建议

使用 ACSI 模型及结构方程模型进行进一步的整理和分析，获取数据中更深层次的信息，同时结合相关来华留学生的建议为其体育消费及传统体育消费的发展提供合理建议。

### （二）研究方案设计

1. 调查内容

来华留学生体育消费及传统体育消费基本情况、来华留学生体育锻炼参与情况、来华留学生体育消费观与目的。

2. 调查方法与调查方式

1）调查方法（第五章有详细说明）

① 问卷调查法。

② 专家访谈法。

2）调查方式（第五章有详细说明）

3. 问卷设计

来华留学生体育消费调查问卷分为以下 4 个部分。

① 基本信息：学校所在地区、性别、年龄、国籍、专业等，这是为了对访问群体进行一定的限制，便于后期筛选和分类。

② 个人体育消费行为与认知：您进行体育消费活动的目的；在中国，您经常参与的体育项目有哪些；您参与体育活动时会选择哪些场地；您主要通过什么形式参与体育活动；您平均一个月体育消费大概是多少；您购买过哪些体育相关产品；在平时生活中，您是否观看过中国传统体育活动；假如学校或社会某些机构组织设置中国传统体育培训项目，您会付费参与吗；您进行体育实物型商品消费的主要场所在哪里；如果在网上购买体育产品，您会选择在什么平台上购买；在中国，您买过哪些品牌的体育产品，为什么会选择上述品牌的产品；您了解或购买过中国品牌的体育产品吗；您对他们的印象如何；您主要通过哪些平台、渠道了解有关体育服务信息并购买体育商品。

③ 体育消费影响因素：影响体育消费的因素有哪些；在体育消费过程中，您会受到哪些外部环境因素的影响。

④ 个人满意程度与建议：对在中国购买的产品是否满意；更喜欢哪一类产品；对于购买的产品有哪些建议。

**（三）质量控制**（第五章有详细说明）

**（四）信效度检验**（第五章有详细说明）

**（五）数据分析方法**（第五章有详细说明）

## 第二节　来华留学生体育消费及传统体育消费的描述性统计分析

### 一、来华留学生基本情况与对体育消费及传统体育消费的现状分析

**（一）地区结构**

我们采取分层抽样收取了相应数量的问卷，共收回有效问卷 138 份。其中孟加拉国最多，约占 26%，摩洛哥其次，约占 25%，其余塞内加尔、

泰国、俄罗斯、美国、英国、法国、意大利、津巴布韦各占 25%、0.72%、4.35%、5.07%、7.34%、1.45%、2.90%、2.17%。

### （二）性别

在收取的问卷中，男性来华留学生占比 99.28%，女性来华留学生占比 0.72%。

### （三）年级

统计发现，该样本中大一年级的来华留学生占比达到 93.48%，其他年级的来华留学生占比较小。

### （四）年龄

年龄在 20 岁以下的人数最多，占比达 85.51%。21 岁的受调查者占比为 10.14%，22 岁的受调查者占比为 3.62%。年龄在 23 岁的受调查者没有选择该选项，年龄在 24 岁及以上的受调查者占比为 0.73%。总体来看，本次调研的受调查者年龄较轻，主要集中在 21 岁及以下的人群。

### （五）学习的专业

统计发现，来华留学生所学最多的是计算机专业，占比 51.79%，其次是土木工程与建筑学专业。

### （六）来华留学生的生活费

统计发现，21.01%的人月支配收入低于 1000 元人民币，约 19.57%的人收入在 1001～1400 元之间，约 23.91%的人收入在 1401～1800 元之间，约 17.39%的人收入在 1801～2200 元之间，5.07%的人收入在 2200～3000 元之间，约 13.05%的人收入超过 3000 元。这表明在受访群体中，低收入人群的比例相对较高。

### （七）对于体育锻炼的爱好

统计发现，喜欢体育锻炼的来华留学生占比 92.75%，这也说明了来华留学生在体育消费上具有较高的可能性。

### （八）平时进行体育锻炼的时间

统计发现，来华留学生平时锻炼时间超过 40 分钟的占比 61.59%。

### （九）来华留学生每周参加体育锻炼的频次

统计发现，选择 1 次的有 33 人，占比 23.91%；选择 2～3 次的有 64 人，占比 46.38%；选择 4 次的有 16 人，占比 11.59%；选择 5 次以上的有 25 人，占比 18.12%。

### （十）是否会观看体育比赛

根据统计：87.68%的来华留学生表示他们观看了体育比赛，而12.32%的来华留学生表示他们不观看体育比赛。可以看出，大多数来华留学生参与了体育比赛的观看。

### （十一）观看体育比赛的途径

统计发现，78.26%的受调查者选择电视或网络的直播或转播作为观看体育比赛的途径；15.94%的受调查者选择了买票去现场看；5.8%的受调查者选择了观看收费的体育频道。可以看出，大多数受调查者更喜欢通过电视或网络观看体育比赛。

### （十二）对于体育消费的态度

表格数据显示，对于日常生活中的体育消费态度，有55.8%的人认为体育消费是生活中不可或缺的一部分，34.06%的人认为体育消费在经济能力允许范围内可以进行，5.07%的人认为体育消费没必要，同样也有5.07%的人认为只要是为健康好，花多少钱都无所谓。从数据可以看出，大多数人对体育消费持积极态度，认为体育消费是重要的一部分，并且在经济能力允许范围内进行。只有少数人认为体育消费没必要或者只要为健康好就无所谓花多少钱。

### （十三）体育消费的动机

根据数据统计：① 休闲娱乐（71.01%）和强身健体（71.74%）是参与体育消费活动最主要的动机。② 运动装备需要（46.38%）是第三大动机。③ 社交需求（36.96%）是一部分人进行体育消费活动的动机。④ 了解体育信息（30.43%）是一部分人进行体育消费活动的动机。⑤ 审美追求（31.16%）和课程需要（31.16%）具有相同比例的动机。⑥ 其他动机（1.45%）的选择人数较少，可能是一些特殊的个人动机，需要进一步详细调查。

综上所述，休闲娱乐和强身健体是参与体育消费活动最主要的动机，运动装备需要、社交需求、了解体育信息、审美追求和课程需要也是一些人进行体育消费活动的主要动机。

### （十四）来华留学生在华会参加的体育项目

统计发现，来华留学生在中国参与体育锻炼的人中，最常参与的运动项目是足球，占总有效次数的86.23%，其次是篮球（55.07%）、跑步（54.35%）、羽毛球（51.45%）和乒乓球（49.28%）。游泳（38.41%）、健身运动（33.33%）、排球（23.91%）和网球（17.39%）也是一部分人选择的运动项目，但相对来说参与人数较少。户外运动（攀岩、爬山等）和瑜伽是较少人选择的运动项目，分别只有13.04%和10.87%的人选择参与。其他运动项目的选择比例较低，只有2.17%。综上所述，足球、篮球、跑步、羽毛球和乒乓球是来华留学生参与体育锻炼最常选择的运动项目，而户外运动、瑜伽及中国传统体育项目相对较少人选择。

### （十五）参加体育锻炼选择的场地

从表格数据可以看出，大多数来华留学生（78.26%）选择在学校内的免费场馆进行体育锻炼，少数来华留学生（7.25%）选择在学校内的收费场馆锻炼，还有一部分人（12.32%）选择在学校外的收费场馆进行锻炼，只有极少数人（2.17%）选择其他场地进行锻炼。

### （十六）通过什么形式进行体育消费

表格数据显示，参与体育消费活动的主要形式为自己锻炼和同学一起参与，分别占比31.88%和33.33%。其次是学校社团，占比23.19%。网上购物的比例最小，只有11.60%。

### （十七）一个月内体育消费金额

从数据表格中可以看出，选择“0 RMB~100 RMB”和“101 RMB~300 RMB”的人数最多，分别占比34.78%和34.78%。而选择“over 1000 RMB”的人数最少，只占到了10.87%。这说明大部分人一个月的体育消费在100元~300元之间，而消费超过1000元的人相对较少。

### （十八）体育消费内容

统计发现：① 运动服装和器械是被购买最多的体育消费内容，占比达79.71%。② 体育比赛费用（报名费）是第二大被购买的体育消费内容，占比为31.88%。③ 运动手表、手环的消费占比为44.93%，显示出运动手表和手环在体育消费中的受欢迎程度。④ 场地租赁和参加体育俱乐部或培训费用的消费占比分别为26.81%和23.91%。⑤ 体育旅游的消费占比为13.04%，显示出相对较少的人愿意在体育旅游上进行消费。⑥ 在康复性体育消费和购买体育报刊、杂志、音像制品等上的消费占比分别为16.67%和17.39%，这些内容相对其他选项消费较少。⑦ 其他的消费占比为2.90%，表明只有少数人选择了其他选项进行体育消费。⑧ 在线上（电竞）游戏充值上的消费占比为30.43%，这表明一部分人愿意在电子竞技游戏上消费。⑨ 体育彩票的消费占比为22.46%，表明一部分人愿意购买体育彩票。

### （十九）进行体育消费的场所

表格数据显示，体育实物型商品的消费场所主要集中在一些较为知名的网店，占比58.7%；其次是大型商场品牌专柜，占比30.43%；品牌工厂店、折扣店的选择较少，仅占10.14%；其他渠道的选择更少，仅有1人选择，占比0.73%。可以看出，网络购物渠道在体育实物型商品消费中占据主导地位，大型商场品牌专柜也是较为常见的购买场所。

### （二十）网上购买体育产品使用的App

表格数据显示，在网上购买体育产品的选择中，最受来华留学生欢迎的平台是淘宝，有98人选择，占有效填写人数的71.01%。其次是京东，有81人选择，占有效填写人数的58.7%。亚马逊和美团分别有30人和25人选择，分别占有效填写人数的21.74%和18.12%。唯品会和其他平台的选择比例较低，分别占有效填写人数的15.22%和7.97%。综上所述，淘宝和京东是最受欢迎的网购体育产品的平台，而亚马逊和美团也有一定的市场份额。唯品会和其他平台被选择的比例较低。

### （二十一）购买体育产品选择的品牌

在中国，耐克是最受欢迎的运动品牌，购买比例高达76.81%。阿迪达斯紧随其后，购买比例为61.59%。李宁和安踏分别以51.45%和44.2%的购买比例位列第三和第四。彪马、亚瑟士、斯凯奇、锐步和安德玛的购买比例分别为30.43%、26.81%、15.94%、13.04%和17.39%。仅有5.07%的受调查者选择了“其他”选项，表明大多数受调查者对于其他品牌并不熟悉或者不感兴趣。

### （二十二）为什么喜欢这个品牌

表格数据显示，选择上述运动品牌的主要原因是产品质量好，占比81.16%；其次是品牌声望，占比56.52%；价格合理，占比52.17%；款式新颖，占比47.83%；产品功能性效果强，占比42.75%；其他原因占比2.17%。综上所述，产品质量好是选择上述运动品牌产品的最主要原因，其次是品牌声望、价格合理、款式新颖和产品功能效果强。这些结果表明消费者对产品的质量和品牌声望有较高的关注度，并且注重产品的性价比和外观设计。

### （二十三）体育消费影响因素

（1）在影响体育消费的因素中，个人兴趣爱好是占比最大的因素，有

73.91%的人选择了这个选项，表明其影响非常大。

（2）身体状况也是影响体育消费的重要因素，有65.22%的人选择了这个选项，表明身体健康状况对于是否进行体育消费有一定的影响。

（3）闲暇时间少和经济来源少也是影响体育消费的因素，分别有40.58%和45.65%的人选择了这两个选项，表明时间与经济状况对体育消费有一定的影响。

（4）场地设施少、环境差、体育休闲娱乐项目少和体育赛事水平低也是影响体育消费的因素，但选择的比例相对较低，表明这些因素对于体育消费的影响较小。

（5）除了以上列举的选项外，还有1.45%的人选择了“其他因素”，表明还有一些其他未列举的因素影响体育消费。

### （二十四）个人体育消费满意度

根据表格数据，很满意选项有66人选择，占比47.83%；满意选项有44人选择，占比31.88%；一般选项有28人选择，占比20.29%；不满意和很不满意选项均没有人选择。综合来看，这表明在该调查样本中，大多数人对自己目前的体育消费现状持较为积极的态度。

## 二、基于K-means聚类的消费者特征分析

### （一）模型介绍

K-means聚类是一种非常流行的无监督学习算法，用于将数据点划分为$K$个集群。它的目标是将相似的数据点分到同一个集群中，同时确保不同集群之间的数据点尽可能不同。K-means聚类的原理基于最小化集群内数据点与集群中心之间的距离。

### （二）分析步骤

随机选择K个数据点作为初始的集群中心。将每个数据点分配给最近的集群中心，即根据数据点到各个集群中心的距离，将数据点分配到距离最近的集群。重新计算每个集群的中心，通常是取集群内所有数据点的均值作为新的集群中心。重复上述步骤，直到集群中心不再发生变化，或者达到预定的迭代次数，或者集群分配不再改变。

对问卷数据进行处理，问题11选择A选项得10分，选择B选项得0分；问题12选择A选项得1分，选择B选项得4分，选择C选项得7分，

选择D选项得10分；问题13选择A选项得1分，选择B选项得4分，选择C选项得7分，选择D选项得10分；问题15选择A选项得10分，选择B选项得0分；问题17选择A选项得10分，选择B选项得7分，选择C选项得4分，选择D选项得1分。

K-means聚类的核心公式涉及计算数据点到集群中心的距离，以及更新集群中心的位置。

距离计算：

$$d(x,\ c) = \sqrt{\sum_{i=1}^{n} (x_i - c_i)^2}$$

其中，$x$ 是数据点，$c$ 是集群中心，$n$ 是数据点的维度。

更新集群中心：

$$c_j = \frac{1}{|C_j|}\sum_{x \in C_j} x$$

其中，$c_j$ 是第 $j$ 个集群的新中心，$C_j$ 是第 $j$ 个集群中的所有数据点的集合，$|C_j|$ 是集群 $C_j$ 中数据点的数量。

目标函数（最小化）：

$$J = \sum_{j=1}^{k}\sum_{x \in C_j} d(x,\ c_j)$$

其中，$J$ 是目标函数，用于衡量所有数据点到其对应集群中心的总距离，$k$ 是集群的数量。

K-means聚类的关键在于选择合适的 $K$ 值，以及初始集群中心的选择。不同的初始化方法可能会导致算法收敛到不同的局部最优解。为了获得更好的结果，使用碎石图（图9-1）来确定最佳聚类数：

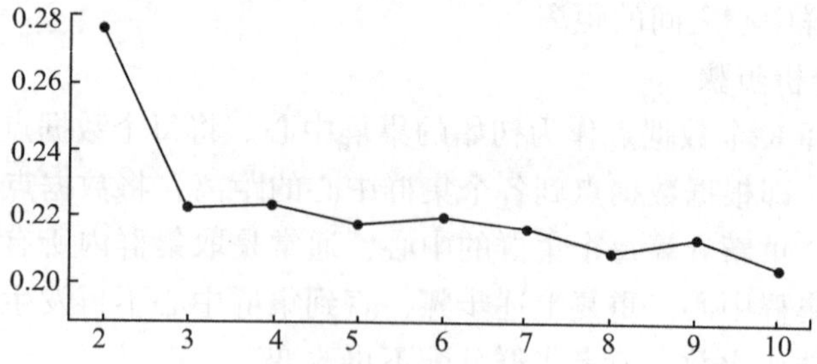


**图9-1　碎石图**

由图9-1可知，取到聚类数为3的时候，碎石图折线逐渐平缓，可以确定最佳聚类数为 3，使用 Python 做出 K-means 聚类的散点图，如图 9-2 所示：

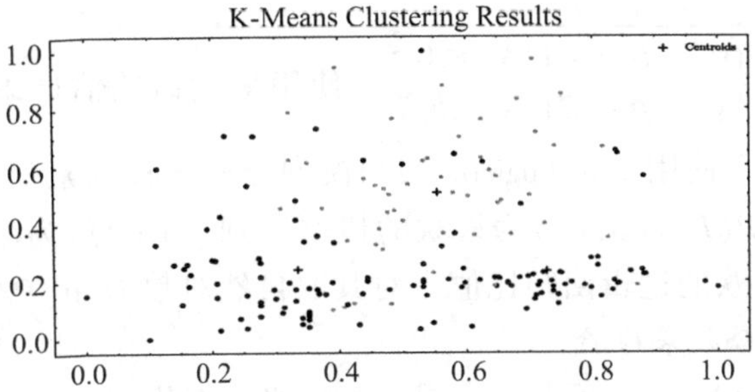


**图 9-2　K-means 聚类散点图**

聚类中心如表 9-1 所示：

**表 9-1　聚类中心**

| 类型 | 偏好 | 时间 | 频率 | 观看 | 态度 |
|---|---|---|---|---|---|
| A 类 | 6. 523 | 8. 145 | 8. 332 | 8. 623 | 7. 981 |
| B 类 | 5. 085 | 6. 512 | 7. 151 | 6. 521 | 4. 161 |
| C 类 | 3. 465 | 5. 454 | 3. 465 | 4. 984 | 1. 846 |

由表 9-1 可知，A 类留学生在各方面得分较高，属于对体育比较热爱的人群；B 类留学生各类得分一般，属于对体育兴趣一般的人群；C 类留学生各类得分较低，属于对体育不感兴趣的人群。

## 三、建立二元 Logistic 回归模型

### （一）因变量：受调查者会不会付费参与中国传统体育培训项目

第 $i$ 个体“会不会付费参与中国传统体育培训项目”该因变量，选择“会”时，$Y_i$ 取值为 1；选择“不会”时，$Y_i$ 取值为 0。

### （二）自变量：影响受调查者对体育锻炼喜爱度的因素

为了定量分析受调查者的性别、年级、年龄、所学专业、月支配收入、国籍这 6 种因素对受调查者对体育锻炼喜爱度的影响，给问卷选项编码。

1. Logistic 回归模型的建立

二元 Logistic 回归模型可以表示为公式 $P(y|\boldsymbol{X};\boldsymbol{\theta})=g(\boldsymbol{\theta}^T\boldsymbol{X})=\frac{1}{1+e^{-\boldsymbol{\theta}^T}x}$，决策函数为 $y=\begin{cases}0, & P(y=1|X)\leqslant 0.5\\1, & P(y=1|X)>0.5\end{cases}$，使用最大似然估计求 $\theta$ 使得 $P(y|\boldsymbol{X};\boldsymbol{\theta})$ 最大。本书使用二元 Logistic 回归模型分析 6 种因素对体育锻炼喜爱度的影响。设 $P(P\in[0,1])$ 为喜欢的概率，则 $(1-P)$ 为不喜欢的概率，$P/(1-P)$ 为喜欢的逻辑回归比值，对其取自然对数为 $\ln[P/(1-P)]$。

2. 模型拟合效果检验

为判断二元 Logistic 回归方程是否有意义，对模型进行拟合优度检验，采用检验来判断模型拟合效果。结果如表 9-2 所示，卡方值为 5. 858，显著性为 0. 586 远大于 0. 05，因此不拒绝原假设，认为观测数据和回归模型拟合情况良好，可认为模型有效。

表 9-2 Hosmer 和 Lemeshow 检验

| 卡方值 | 自由度 | 显著性 |
|---|---|---|
| 5. 858 | 8 | 0. 586 |

3. 模型结果及分析

使用 SPSS 软件进行分析，选用输入方法，选取显著性水平为 0. 05，得到显著影响体育锻炼喜爱度的因素为：性别、年级、所学专业、月支配收入、国籍。以上变量的显著性均小于 0. 05，表明变量在 5%的显著性水平下通过显著性检验，对各变量分析如下：

（1）性别：二元选择模型结果显示，回归系数为正，表明男性受调查者相较于女性受调查者会更倾向于付费参与中国传统体育培训项目。

（2）年级：二元选择模型结果显示，回归系数为负，表明年级较低受调查者相较于年级较高受调查者更倾向于付费参与中国传统体育培训项目。

（3）所学专业：二元选择模型结果显示，专业为体育学的回归系数为负，表明专业为体育学的受调查者相较于其他专业受调查者会更倾向于付费参与中国传统体育培训项目。

（4）月支配收入：二元选择模型结果显示，回归系数为负，表明月支配收入更高的受调查者更倾向于付费参与中国传统体育培训项目。

（5）国籍：二元选择模型结果显示，国籍为孟加拉国的回归系数为正，表明国籍为孟加拉国的受调查者更倾向于参与体育锻炼；国籍为英国回归系数为负，表明国籍为英国的受调查者更倾向于付费参与中国传统体育培训项目。

## 第三节 小结及发展建议

### 一、小结

基于描述性统计的来华留学生体育消费现状分析如下：

（1）使用分层抽样收集了相应数量的来华留学生体育消费问卷，共收回有效问卷138份。男性占比99.28%。调查的来华留学生以南亚国家留学生和非洲国家留学生为主，全部是本科学历，以大一留学生为主体（91.96%）。调查地区在镇江市，调查对象是镇江市各高校中的来华留学生，计算机专业的来华留学生有51.79%。

（2）统计发现，购买运动服装和运动器械是来华留学生最常进行的体育消费类型，约占79.71%；购买运动手表、手环消费占比为44.93%；场地租赁、参加体育俱乐部或培训费用的消费占比分别为26.81%和23.91%。调查的来华留学生中，有46.38%的人每周会进行2~3次的体育运动，其中有61.59%的来华留学生每次的运动时长会超过40分钟。

（3）将受调查者购买过的体育消费内容进行统计可知：购买运动服装和器械的受众面最广，其次是购买运动手表、手环、参加体育俱乐部和培训费用，相较而言，购买体育报刊、音像制品、体育彩票等体育消费在此次的调研中受众面相对较窄。

（4）来华留学生闲暇时间较多，参与体育锻炼较随意，无固定时间，并伴随一定的观赛需求，整体对体育消费认知态度较积极。

（5）“强身健体”和“休闲娱乐”为受调查的来华留学生主要内部消费动机，其外部动机更注重社交方面需求。他们对我国传统体育项目的认识比较单一，表现出一定的学习与参与的意愿。

（6）在体育消费项目上，来华留学生选择简单、易上手的体育项目较多，存在性别、国家差异；体育消费购买内容中，除购买“实物型体育消费”之外，总体倾向于参与性体育消费活动，体育消费形式以个人为主。来华留学生月均消费水平集中在101~300元，受可支配收入影响，且不同国家之间存在差异。在消费品牌中，“耐克”“阿迪达斯”“彪马”是其首要选择，而他们对我国运动品牌的认识不够深入。

（7）来华留学生购买体育产品往往以网络为主导，主要通过本国同伴来了解体育消费相关信息。影响来华留学生自身体育消费的主要因素为个人身体状况与主观兴趣、闲暇时间，场地设施不足及师生关系情况为其体育消费影响的主要外界制约因素。留学生整体对我国体育消费市场情况持满意态度，倾向于购买价廉物美的体育产品。

## 二、发展建议

### （一）增加相关体育课程，扩大留学生在华参与体育锻炼队伍

参与体育锻炼活动是参与体育消费的前提。本次调查中，大部分留学生选择在华参与体育锻炼，但仍有部分留学生认为不一定需要在华参与体育锻炼活动。目前，几乎没有相关体育课程面向整个来华留学生群体，部分学校的体育课程设置很少，留学生进行的体育消费活动比较单一。可通过适当增加相关体育课程为培养来华留学生体育锻炼的兴趣、促使其更频繁地参与体育锻炼打下坚实基础。适当开设特色体育项目课程，丰富我国传统体育项目课程内容，可以让更多的留学生在华体验和了解中国传统文化，促进中国传统文化的传播。

### （二）各高校应重视来华留学生体育锻炼环境设施与开放时间

从本次调查中可发现，部分高校提供给来华留学生群体的体育锻炼场地相对较少，质量不高。在场地费用与校内体育培训费用上，可统一给予留学生群体一定的优惠，并保证他们能够享受到相应的服务。提升场馆质量，改善收费场地设施环境，延长开放时间，吸引更多的来华留学生群体花费合理的费用参与体育锻炼。

### （三）社会培训机构可与高校合作，给予来华留学生多种体育消费娱乐项目与竞赛选择

从调查中可知，各国来华留学生偏好的体育项目不同，部分留学生在现有体育消费项目中找不到自己感兴趣的，相关体育赛事选择也较少。因此，高校可以与社会培训机构合作，推出特色留学生社团，根据留学生喜

好开展特色体育项目培训，定期举行各社团间的交流活动。同时，社会培训机构与高校还可提供多语种中华传统民族体育文化产品，如书籍、影像等，吸引来华留学生人群消费，丰富其在华的体育消费结构。

**（四）满足来华留学生体育赛事需求，吸引国内运动品牌赞助推广**

来华留学生群体有一定观看体育赛事的习惯，一部分留学生还曾在华参加过体育比赛，可见体育赛事对其具有一定吸引力。然而，部分学生表示在华参与的体育赛事比较局限，存在一些赛事不对留学生开放的情况。因此高校可以定期为留学生群体定期发布各级别的体育赛事。另外，高校内部还需要组织一些针对来华留学生人群的体育赛事，通过吸引中国运动品牌的赞助，更多来华留学生在参加比赛的同时，又能够对我国运动品牌有更全面的认识，从而提升品牌影响力。

**（五）运用网络媒介手段，丰富体育信息内容，打造无忧购物平台**

调查发现，留学生主要利用网络媒介来获取体育消费信息并购买体育商品，亲朋好友对其影响较大。高校可以适当通过微信公众号、微博等渠道，向来华留学生人群推送当地体育商品信息、赛事报名信息等，满足他们在体育消费上的需求。

# 第十章

## 大运河流域传统体育在镇江的传承

# 第一节 龙舟游泳水上运动在镇江的传承

## 一、古代镇江龙舟竞渡

每逢端午时节，靠近江河的地方都会举行龙舟竞渡。晚明张岱的《陶庵梦忆》卷五记载镇江金山龙舟竞渡："瓜州龙船一二十只，刻画龙头尾，取其怒；傍坐二十人持大楫，取其悍；中用彩篷，前后旌幢秀伞，取其绚；撞钲挝鼓，取其节；稍后列军器一架，取其锷；龙头上一人足倒竖，战敠其上，取其危；龙尾挂一小儿，取其险。自五月初一至十五日，日日画地而出，五日出金山，镇江亦出。惊湍跳沫，群龙格斗，偶堕洄涡，则百蛄捷捽，蟠委出之。金山上人团簇，隔江望之，蚁附蜂屯，蠢蠢欲动。晚则万艓齐开，两岸沓沓然而沸。"这段文字是记录明末镇江地区端午龙舟竞渡的珍贵史料。作者先说自己观看过杭州、南京、无锡等地的十几次竞渡，唯金山竞渡令其印象深刻。此段文字不仅描写了比赛本身，还全方位地展现了龙舟的精美装饰、船上人员的勇武与技艺（包括高难度的特技表演）、竞渡的激烈与惊险，以及从金山到两岸万众欢腾的节日氛围。张岱用生动的笔触和精妙的排比，为我们勾勒出一幅色彩浓烈、气势磅礴、充满动感与民俗情趣的金山龙舟盛会图卷。

图 10-1 古代镇江龙舟赛（藏于镇江博物馆）

## 二、龙舟运动在镇江的传承

2021 年 6 月 11 日，镇江市第十六届运动会龙舟比赛暨镇江新区第二届心湖龙舟邀请赛在镇江新区心湖公园举行。26 支龙舟队在南湖面上演了中流击水、劈波斩浪的年度大戏。本次比赛共有来自 26 支队伍的 300 多名运动员参赛，以男女混合的方式进行，每支队伍 13 人，赛程 200 米，共设置 5 个航道。比赛采取电子计时，用抽签确定比赛顺序，比赛规则执行中国龙舟协会审定的最新《龙舟竞赛规则》，采用预决赛制，用时少者为胜。最终教育先锋队获得冠军，润州区代表队获得亚军，瀚瑞控股队获得季军，边检风采队、幸福奇美队、镇江鸿雁队、公安战龙队、江苏科技大学龙舟队获得优胜奖。金东奋斗队、江苏索普龙舟队、市场威龙队、大港股份队、大路铁军队、江南龙队、大港街道极速先锋队、岗上蛟龙队、公用建设队、镇江电信队、机关先锋队、姚旗呐喊队、丁卯战鼓队、江苏华燕队、综保中瑞飞跃队、昌建融创湖润园队、航发优材队和银山发展队获得体育道德风尚奖。

自古以来，龙舟竞渡便是一项深受民众喜爱的传统民俗体育活动，距今已有两千多年的历史，龙舟竞渡体现了中华民族同舟共济、团结拼搏、奋勇争先的精神。镇江此次将龙舟赛纳入市运会，是坚持“体育+文化”有机融合的充分展示，对传承端午文化、促进体育旅游发展、丰富群众文化生活具有重要意义。

**图 10-2　2021 年镇江市龙舟比赛**

图 10-3 2021 年镇江龙舟比赛赛场

## 三、龙舟运动在高校的传承

### （一）举办高校龙舟赛事

为传承传统文化，龙舟运动一般在具备水域条件的高校开展。2024 年 9 月 12 日—14 日，由江苏省学生体育协会主办，江苏省学生体育协会高校工作委员会、江苏科技大学承办的江苏省大学生龙舟锦标赛在江苏科技大学长山校区海韵湖举行。来自东南大学、南京理工大学、苏州大学、江南大学等 19 所省内高校的 457 名运动员报名参赛，参赛规模创下历史新高。

大赛分为甲 A 组（专业院校组，即体育类、体育专业、高水平组）、甲 B 组（普通院校组）、乙组（高职高专院校组）、留学生组 4 个组别进行。赛场上，运动员们发扬龙舟精神，团结协作、顽强拼搏，向大家展示了一场场精彩的水上竞技。最终，江苏科技大学获得甲 A 组团体总分第一名，南京理工大学获得甲 B 组团体总分第一名，江苏航运职业技术学院获得乙组团体总分第一名，南京理工大学、江苏科技大学获得留学生组一等奖。江苏科技大学、常熟理工学院、苏州大学、常州大学等代表队荣获“体育道德风尚奖运动”称号，50 名同学荣获“体育道德风尚奖运动员”

称号。本次比赛还评选出优秀教练员 4 名，优秀裁判员 8 名。

江苏省教育厅体卫艺处二级调研员李海宁，江苏科技大学副校长胡爱祥，省学生体协秘书长田磊，省学生体协高校工作委员会副主任梁培根，安徽中钢联新材料有限公司董事长、优秀校友吕林等领导出席颁奖仪式，并为获奖代表队颁奖。

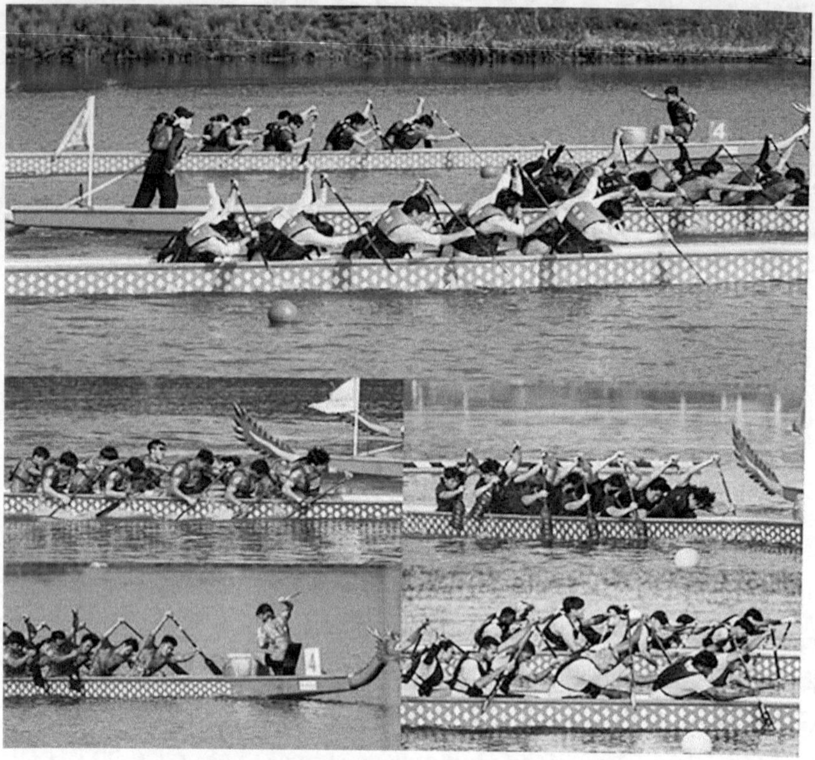

图 10-4　2024 年江苏省大学生龙舟锦标赛赛场

### （二）开展民族传统体育传承与发展学术研讨会

龙舟大赛举办期间，江苏科技大学还举行了民族传统体育传承与发展学术研讨会，江苏省学生体协高校工作委员会副主任梁培根、东南大学严华、江苏海洋大学刘大海等三位专家以龙舟运动为例，分别就龙舟文化与礼仪、龙舟运动竞赛与欣赏、中国龙舟运动申奥可行性研究与展望等内容展开了精彩的学术报告。

### （三）进行高校龙舟训练

江苏科技大学龙舟队在训练中，暑假一天三练：5:30—8:00 水上训练，10:00—12:00 专项身体素质训练，16:00—19:00 水上训练。作为承办部门，江苏科技大学体育学院筹备数月，从组织策划、物资准备到赛事组织与实施，对各重要流程进行了反复演练，以确保大赛圆满成功。学院在比赛期间得到了学校相关职能部门的支持与协同配合，为各代表队提供了良好条件和优质服务，赢得了大赛组委会、各参赛队伍和兄弟院校的高度评价。

2020 年 6 月，江苏科技大学新校区长山校区启用。长山校区拥有大面积的水域，为水上运动的开展提供了优越的场地条件。由于水上运动的安全性要求更高，因此其对参与者的游泳救生能力要求较高。江苏科技大学体育学院为学生开设游泳课程和皮划艇课程。该院体育专业的学生不仅掌握游泳救生能力，还具备操控皮划艇的能力。正是在此背景下，为迎接 2021 年 6 月的镇江市第十六届运动会龙舟比赛暨镇江新区第二届心湖龙舟邀请赛，江苏科技大学正式成立龙舟队。龙舟队队员以体育专业学生为主。

## 四、游泳成为镇江第一外国语学校传统体育教学的特色项目

镇江第一外国语学校游泳特色项目依托学校对面南京师范大学附属镇江小学的室内游泳馆，七、八年级均将游泳纳入教学内容。学生选择游泳比例的增加得益于全民健身工程的积极推进，镇江市各区游泳场馆数量近几年快速增加，特别是小型室内游泳馆增长较快，为学生参加游泳学习和锻炼提供了较为便利的条件。同时，随着家长对学生掌握一项必要的生存技能认知度的提高，他们会主动带孩子参加游泳技能的培训。这成为促进学生游泳技术技能提高、积极参加游泳锻炼的重要因素。

# 第二节　武术运动在镇江的传承

## 一、省级非遗武术传承人霍培林大师口述史

时间：2021 年 4 月 10 日；地点：镇江瑞芝里非物质文化遗产太极拳分会基地

采访：朱迅华 居琳；摄影：朱迅华 居琳；文字整理：朱迅华 居琳

受访者简历：霍培林，1948 年 6 月生于江苏镇江，江苏省级非物质文化遗产（孙氏太极拳）代表性传承人。中国武术八段。中国当代十大武术名师孙剑云嫡传弟子，孙氏太极拳第三代传人，曾连续三届任镇江市武术协会主席，现任国际孙禄堂武学联合会副主席兼秘书长、镇江孙氏武学研究院院长。多次担任全国和国际性武术比赛总裁判长、副总裁判长，并在国内国际赛事中多次获得孙氏太极拳、传统拳、形意拳、八卦连环拳和太极推手等金牌 20 多块。曾被评为“国际著名武术家”“太极名家”“中国内家拳孙氏拳代表人”“全国太极拳推广先进人物”，入选世界太极名人墙，2015 年被联合国教科文组织授予“和平使者”荣誉称号。

### （一）孙氏太极拳的历史沿革

朱：霍老师，能否请您介绍一下孙氏太极拳的历史沿革？

霍：孙氏太极拳创始人为孙禄堂。孙氏太极拳是中国近代著名武学家、一代武学宗师孙禄堂先生（1860—1933），集形意拳、八卦拳、太极拳之大成所创立的一门优秀拳种。孙禄堂先生，民国时期曾任（南京）中央国术馆武当门门长和（镇江）江苏省国术馆副馆长兼教务长，武功卓绝、修养极高，被武林界誉为“虎头少保，天下第一手”，亦称“赛活猴”。孙氏太极拳以养正气为宗旨，以拳与道合为最高境界。其特点是高架活步，进退相随，开合承接，虚实分明；其形如行云流水，绵绵不断；其势如长江大海，滔滔不绝。其劲极其柔顺中和之至，其劲极其刚猛整实之至，其劲极其灵活巧变之至。孙氏太极拳集健身、养生、修性、防身于一体，是传统文化的国粹精华，是人类生命健康的大智慧，具有极高的文化价值、历史价值和社会科学价值，影响巨大，世代流传。孙禄堂编创了

《形意拳学》《八卦拳学》《太极拳学》《八卦剑学》《拳意述真》等武学巨著，把武术上升为武学，开创了武学研究新纪元。

孙氏太极拳第二代掌门人为孙剑云（1914—2003），名贵男，号剑云，系武学宗师孙禄堂之幼女。她幼承庭训，于琴棋书画皆有造诣，9 岁得其家传，拳法尽得父亲孙禄堂亲授，技艺精绝。1928 年，她曾随父在江苏省国术馆授拳，任女子教习。新中国成立后，面对常人难以想象的困难，她毅然承担起孙氏武学继承、传播的重任，先后在我国的镇江、北京、上海、广州、香港等地和日本、美国、英国、瑞典等国成立多个孙氏太极拳研究会，历任北京市武术协会副主席、北京市形意拳研究会会长（首任）。1995 年，孙剑云当选“武林百杰”和“全国十大武术名师”。

我（霍培林），是孙氏拳第三代传人，是中国当代十大武术名师孙剑云嫡传弟子，五十年来习武不辍，专修孙氏三拳三剑，潜心研究“拳道合一”的武学思想，形成了孙氏武学拳理拳法的独到见解。

孙氏拳第四代传人有霍永俊、朱守明、霍永梅、戴美魁、江晓辉等 250 余人。

孙氏拳第五代传人有由霍永俊、朱守明、霍永梅、戴美魁、江晓辉等第四代传承人所授的徒弟 100 余人。

### （二）孙氏太极拳的特点

朱：霍老师，能否请您谈一下孙氏太极拳有什么特点？

霍：一是三拳合一。孙氏太极拳将形意拳之刚猛整实、八卦拳之巧灵多变，融入太极拳之中和柔顺之中，追求动中求静，变中求整，内外合一，纯以神行。二是进退相随。孙氏太极拳要求拳架呈 135 度角，迈步必跟，进步必撤。进退多以形意步，转身多以八卦步，走转灵动，上下相随，左右相顾，周身一家。三是开合承接。孙氏太极拳内外体用一气，行拳时周身无处不开合，每逢转向均以“开手”“合手”承接，既承上启下，又调理气机，故又称为“开合活步太极拳”。四是虚实分明。孙氏太极拳行单重，忌双重，要求一脚踏实，一脚微虚，重心落于一足，一足着地，一轴到底，虚实分明，动静合一，形神合一。

### （三）孙氏太极拳与养生

朱：霍老师，能否请您谈一下孙氏太极拳与养生？

霍：孙氏太极拳是练养合一，体用合一，追求“极还虚，致中和”，强调外修其身，内养其心，是人类生命健康大智慧。其功效有三：一是疏通经络，促进气血流通，调节阴阳平衡。二是善养内气，清养脏腑，充盈精气神。孙氏太极拳以“不尚血气，纯任自然”“善养浩然正气”为宗旨，是一种养气和转化储存能量的整体运动，其动作中正舒展柔和，呼吸深长细匀，似静水深流，似行云流水。三是文武双修，身心双修，性命双修。孙氏太极拳集哲学、武学、医学、美学之大成，追求“拳与道合”，其修心之要是“恬淡虚无，渐修静悟”“首重中和”。长期练习，内固精神，外示安逸，可全面提升人的生活质量和生命活力。

**（四）江苏省级非物质文化遗产孙氏太极拳对外传播与推广**

朱：作为江苏省级非物质文化遗产，霍老师能否谈一下孙氏太极拳的对外传播与推广？

霍：孙氏太极拳作为江苏非物质文化遗产，秉承保护和传承的重任，我们积极与镇江市高等专科学校合作，积极开展太极拳进校园的工作，并在该校建立“太极大师工作室”，设立孙氏太极拳传承基地，面向全校师生组织开展持续有效的太极拳研究与推广工作，打造中华优秀传统文化太极拳教育发展高层次优质平台，积极开展体育科学教学的研究实践。

我们还创办孙氏武学研究院。流动的是人事，不变的是精神。我们继承江苏省国术馆未竟事业，毅然扛起传承发展孙氏武学的大旗，发起成立了国际孙禄堂武学联合会。2012 年，在镇江举办了国际孙氏武学发展高峰论坛，并成立了全国首家孙氏武学研究院。同时，我们成功将孙氏太极拳申报为江苏省级非物质文化遗产，倾力打造镇江太极文化国际名城，每年授拳数万人次，使孙氏武学蓬勃发展，日益兴盛。

研讨交流会上，大家就太极拳线上线下教学，太极拳教材、教法、教师体系的优化，传统太极拳的现代价值发挥，太极拳国际化发展，太极拳交流活动等内容进行了广泛讨论。

**（五）孙氏太极拳未来发展规划**

朱：霍老师，能否请您谈一下孙氏太极拳的未来发展规划？

霍：孙氏太极拳是中华民族奉献给世界人民的文化遗产，是江苏镇江的一座文化金矿。我们已制定《江苏省级非遗孙氏太极拳 2016—2026 十年传承发展规划》：争取在政府和社会的支持下，恢复或重建“江苏省国术馆”；成立“镇江孙氏武学课堂”，建立孙氏网络武学数据库；完善“孙氏太极拳陈列馆”；筹建“孙氏太极拳雕塑广场”；完善传承体系网络；计划再建立10个省市级传承基地、10所孙氏拳特色学校；计划再培养10~20名孙氏太极拳非遗传承人；再训练百名优秀传人；编辑出版《孙氏武学与江苏省国术馆》，创编“功夫太极”“养生太极”“生活太极”等课程体系，积极参与政府购买服务；持续开展孙氏拳进社会“六进”公益活动；每年组织竞赛竞技，不断加强民间交流和国际交流。

未来的发展方向是大众化传播、专业化提升、产业化发展、国际化塑造。旨在真正把孙氏太极拳打造成江苏省和镇江市地域文化享誉世界的特色名片，为人类文明健康贡献力量。

## 二、省级非遗孙氏太极拳镇江市高等专科学校传承基地设立

2019年11月27日，江苏省级非遗孙氏太极拳传承基地揭牌仪式在镇江市高等专科学校文体中心举行。为培养高素质、全面发展的优秀人才，镇江市高等专科学校与著名太极拳家霍培林先生合作，打造中华优秀传统文化太极拳教育发展高层次优质平台，并积极开展体育科学教学的研究实践。此次揭牌仪式标志着这两大重要举措落地实施。镇江市高等专科学校是一所具有悠久历史的综合性高校，学校充分发挥自身的特点和优势，有效运用当地的资源，在太极拳非物质文化遗产的研究和保护方面迈出重要一步。学校积极开展太极拳进校园的工作，设立“太极大师工作室”，面向全校师生组织开展持续有效的太极拳研究与推广工作。

## 三、“一拳、一操、一泳”的江苏科技大学传统体育教学特色

江苏科技大学2000年获评“全国贯彻《学校体育工作条例》优秀高等学校”。2006年，学校的“大学体育”荣获江苏省省级精品课程，学校秉承太极拳、广播体操、游泳的“一拳、一操、一泳”传统体育教学模式。在教学内容上，大一的教学内容包含太极拳，大一后两周及大二前两周则包含游泳。

图 10-5　2021 年江苏科技大学学生太极拳比赛

## 四、镇江体育中考武术项目助力传统体育传承

镇江市初中毕业升学体育考试总分为 40 分，由体育平时成绩和现场测试成绩两部分组成。体育平时成绩占 6 分，初一、初二各占 3 分，其中《国家学生体质健康标准》评定占 2 分、运动爱好评价占 1 分；现场测试占 34 分。现场测试分 4 类，第一类分值为 6 分，武术项目作为体育中考第一类选项之一。调查显示，第一类（单杠、双杠、支撑跳跃、技巧、武术）5 个选项中，选择人数最多的是支撑跳跃与武术，占学生总数的 98.3%；镇江体育中考武术考试项目为五步拳。然而，武术选项有下降趋势，这反映出武术的技术环节相对较多，教学难度和学生考试中失误的概率相对增加。

# 第三节　百年体操在镇江的传承

镇江崇实女子中学前身是 1884 年美国美以美会在江苏省镇江市创办的寄宿学校——镇江女塾。该校为“长江流域最早的女塾”，亦是诺贝尔文学奖获得者赛珍珠的母校。史料记载，崇实女中百年前即已开设体操课程训练。

图 10-6　崇实女中体操训练（1）（藏于镇江博物馆）

图 10-7　崇实女中体操训练（2）（藏于镇江博物馆）

当前，如本书第十章第二节所述，镇江体育中考将单杠、双杠、支撑跳跃、技巧项目纳入第一类选测项目。此举旨在以考促练，帮助学生掌握体操技能，增强体质，进而助力百年体操在镇江的发扬与传承。

# 第十一章

## 大运河镇江流域民俗传统体育的现代化转型

# 第一节 民俗传统体育现代化转型的背景

## 一、问题的提出

2023年7月7日，习近平总书记在江苏考察时强调，江苏要加强优秀传统文化的保护传承和创新发展。2024年春节，一段7岁小女孩林熙悦在路边练习舞狮并被专业舞狮表演队以锣鼓伴奏助威的视频在网络上引起了广泛关注。2023年，中央一号文件提出实施文化产业赋能乡村振兴计划。2020年11月13日，习近平总书记考察调研大运河扬州段三湾生态文化公园，指出“千百年来，运河滋养两岸城市和人民，是运河两岸人民的致富河、幸福河”。民俗体育指源于风俗习惯、地方风情等文化特色，由当地居民在民俗节庆与生活实践中逐渐形成的体育表演行为或对应活动。因此，调研大运河流域民俗体育分布、创新民俗体育、构建现代化转型的路径，既与大运河文化形成互补，又落实了“文化强国、体育强国”的重大需求。

## 二、民俗传统体育现代化转型研究回顾

随着现代社会的快速发展，人们的生活方式、价值观念和文化需求都发生了变化。传统的民俗体育活动可能无法完全满足现代社会的需求，亟需改革和创新。民俗体育作为一项重要的民俗文化形式，具有丰富的历史和文化内涵。通过现代化转型，民俗体育能获得更好的传承和发展，延续其生命力和吸引力。在现代市场经济环境下，民俗体育活动需要与市场需求相结合，以吸引更多的参与者和支持者。现代化转型有助于民俗体育更好地满足市场需求，提高其经济效益和社会影响力。同时，民俗体育活动通常具有较强的参与性和娱乐性，适合各个年龄段的人群参与。民俗体育通过现代化转型可以更好地融入全民健身计划，可促进民众的身体健康和全面发展。

在全球化的背景下，民俗体育也需走向国际，与其他国家和地区的民俗体育进行交流与合作。现代化转型可以使民俗体育更好地适应国际交流与合作的需求，同时推动民俗体育的传承和发展，提升其社会影响力和参

与度。这需要政府、社会组织和个人共同努力，持续推动民俗体育的现代化进程。

## 三、研究目的

（1）调研分析大运河镇江流域民俗体育资源分布，探析大运河镇江流域民俗体育发展受影响因素，在此基础上，赓续、创新和发展民俗体育，构建“大运河镇江流域民俗传统体育+”的现代化转型的多元传承创新路径，服务现代化建设。这将有助于将“文化强国、体育强国”的核心理念融入大运河流域现代化建设，并对大运河镇江流域民俗体育的理论研究作出贡献。

（2）探索民俗体育现代化转型的路径和方式，可以帮助保护和传承民俗体育文化，使其在现代社会中得到更好的传承和发展；民俗体育活动通常具有较强的趣味性和参与性，研究民俗体育现代化转型，可使其更好地融入全民健身计划，丰富人们的健身活动内容。

（3）研究如何使民俗体育适应现代社会的需求和发展趋势，有助于吸引更多人参与民俗体育活动，提高其社会影响力和知名度；民俗体育是民族文化的重要组成部分，研究其现代化转型，有助于增强民族文化自信，提高人们对本民族文化的认同感和自豪感；民俗体育具有独特的民族特色，研究其现代化转型，可以使其更好地参与国际文化交流，增进不同国家和地区之间人们的相互了解。

（4）探索民俗体育与现代市场经济相结合的模式，有助于推动民俗体育产业的发展，为地方经济增长和就业创造机会。

（5）民俗体育文化与大运河文化等研究形成互补，对构建相关的理论体系具有启发意义，有助于为镇江大运河文化带和镇江现代化建设提供策略指导。

## 四、研究方案设计及实施

### （一）研究步骤

1. 文献研究

查找相关文献，明确当代学者在民俗体育方面的研究进展以及研究深度，把握体育行业的相关信息，进一步明确调查目的，着重考察前人研究中还未完备的方面来确定调查范围和调查方案。

2. 专家访谈

对民俗传统体育传承人进行专家访谈，提炼出重点信息，进而得出民俗体育传承的现状。

3. 设计并收集问卷

通过线上线下结合的方式来发放问卷，同时根据调查范围在每一个地区随机访问一些符合条件的居民的相关情况。为了使得调查结果更具信度和效力，本研究还对一些受调查者进行了电话访问，以获得更加全面而准确的信息。

4. 数据处理与分析

在收取了一定数量的问卷后，对获得的数据进行预处理，得出完整的可以进行分析的问卷数据集。面对该数据集，先通过描述性统计对情况进行大致的了解，如频数、比例、因素之间的差异等，来了解民俗体育活动的状况与民俗体育现代化转型情况，这为接下来选择更为合适和准确的模型奠定基础。最后，采取随机森林模型进行深入分析，挖掘数据中更深层次的信息。

5. 提供建议

结合相关民俗体育参与人员及学者的建议为相关民俗体育今后的发展和规划提供合理建议。

**（二）研究方案设计**

1. 调查内容

本调查聚焦大运河镇江流域民俗传统体育的开展与现代化转型，将调查问卷分为 3 个部分：

1）民俗传统体育开展现状

该部分内容可从两个角度进行调查：其一为大运河流域民俗体育的开展现状，调查内容包括大运河流域民俗体育的类型、参与情况以及民众对民俗体育的兴趣和价值认知；其二为民俗体育在学校中的开展现状，调查内容包括学校民俗体育课程设置的合理性、民俗体育活动的组织和推广是否到位和对民俗体育在学校中的发展前景的态度。当下要从这两个角度全方位了解民俗体育开展的现状，并找到大运河镇江流域民俗体育开展中存在的问题。

2）民俗体育与现代化转型现状

这一部分调查内容包括民众对现代化转型的认知程度、相关培训活动参与的意愿、了解民俗体育的主要途径、使用数字化设备获取体育相关信息的频率与方式，以及数字化技术在民俗体育中的应用和学校在民俗体育现代化转型中扮演的角色。

3）民俗体育现代化转型的可行性

这一部分调查内容包括现代化转型的目的、必要性、应遵循的原则、需要的资源与面临的挑战和具体建议。

2. 调查方法与方式

1）调查方法（第五章有详细说明）

① 问卷调查法。

② 专家访谈法。

2）调查方式（第五章有详细说明）

3）问卷设计

民俗传统体育现代化转型现状调查问卷分为以下 4 个部分：

（1）基本信息：包括所在地区、性别、年龄、最高学历、职业等，这是为了对访问群体进行限定，便于后期筛选和分类分析。

（2）民俗传统体育与体育强国关系：从事何种民俗体育项目；参与该项目多久了；每周参与民俗体育的频率；参与民俗体育项目的所在地区民俗体育展示场合；促进乡村振兴各因素重要程度；民俗体育助力体育强国的困境，以及为助力体育强国，实现民俗体育现代化转型，您认为民俗体育可供渠道有哪些。

（3）民俗传统体育发展情况：① 个人层面：您对民俗体育的热爱程度，对此项目进行评价；② 社会层面：所在地区开展民俗体育项目活跃程度，所在地区景区民俗体育表演开展程度；③ 学校层面：您对所在学校体育场地是否满意，对所在学校运动队在民俗体育项目比赛获奖情况是否满意，所在学校对民俗体育教育是否重视；④ 政府层面：您所在地区各级政府对民俗体育的重视程度，所在地区各级政府对民俗体育的资金支持程度。

（4）现代化转型：① 文化层面：所在地区互联网对乡镇民俗体育宣传的重要性；文化宣传对民俗体育发展的重要程度、所在地区民俗体育非遗项目申报力度；请您对此项目进行评价；② 生态层面：您所在地区民俗体育绿色产业发展程度。

（三）质量控制（第五章有详细说明）

（四）信效度检验（第五章有详细说明）

（五）数据分析方法（第五章有详细说明）

## 第二节　民俗传统体育现代化转型的描述性统计分析

### 一、调查总体的基本描述性统计分析

#### （一）受调查人群基本特征

1. 地区分布

此次问卷共收回有效问卷 124 份，筛选后的人群分布，以京口区和丹徒区人数相对较多，其中京口区占比最多，约为 48%，丹徒区其次，约占 30%，其余镇江新区、润州区、丹阳市、扬中市、句容市样本比例分别约为 12%、3%、3%、2%和 2%。

2. 性别比例

此次调查中，男性占比 62.38%，女性占比 37.62%。

3. 年龄分布

年龄 19 岁及以下占比 45.96%，20~29 岁占比 51.61%，30~49 岁占比 0.81%，50~59 岁占比 0.81%，60 岁及以上占比 0.81%。

4. 学历分布

此次调查中，调查对象以低学历人群为主，其中初中及以下占比 57.15%，高中/中专占比 33.15%，大学专科占比 6.14%，大学本科占比 3.56%。

5. 职业分布

被调查者中农林牧渔劳动者占比最多，为 89.35%，教师、普通职员、企业管理人员、政府/机关干部/公务员、自由职业者等职业人数占比较少。因为调查地区在村落，这样的职业分布符合民俗体育参与者以农林牧渔业劳动者为主的实际情况，一定程度上证明了此次数据收集的真实性与可靠性。

## （二）民俗传统体育开展现状

1. 参与民俗体育项目类型

统计发现，除其他活动以外，舞龙舞狮是受调查人群最常参与的民俗体育项目，占比 32%，龙舟竞渡其次，占比 29.71%，秧歌、踩高跷样本占比分别为 21.44%和 16.85%。

2. 参与民俗体育活动时间

统计发现，各自参与的民俗体育项目中，大部分居民仅参与了半年以内的占比 43.73%，参与 3 年以上的居民人数最少，占比为 7.40%。这说明，近期镇江流域民俗体育新增较多参与者。

3. 每周参与民俗传统体育的频率

统计发现，从不参与民俗体育运动的居民，占比 7.07%，每周 1 次的占比 61.74%，2~3 次的占比 25.40%，4~5 次的占比 1.61%，5 次以上的占比 4.18%。这说明接受调查的大部分居民都参与民俗体育活动，只是参与频次不高，后期可以针对居民参与频次低的原因制定相应的解决办法。

4. 参与民俗传统体育项目的目的

统计发现，除其他目的外，以兴趣爱好、锻炼身体、社交互动、文化传承为目的的居民大约占受调查者的一半，说明这四项目的对于居民参加民俗体育项目而言同样重要。

5. 民俗传统体育活动的重要程度

调研中发现，大部分受调查者认为民俗体育活动是比较重要或者非常重要的约占 81.14%，说明在镇江流域民俗体育活动已经得到了居民的重视，发展前景广阔，具有较高的研究价值。

6. 学校体育课程设置的合理性

通过分析可以发现，学校体育课程设置是比较合理的，其中 41.71%的受调查者认为学校体育课程设置非常合理，52%的受调查者认为学校体育课程的设置比较合理，仅有 6.28%的受调查者认为课程设置不太合理或者完全不合理。

7. 学校民俗传统体育活动的组织和推广

通过分析可发现，32.57%的受调查者认为学校民俗体育活动的组织和推广是非常到位的，51.43%的受调查者认为是比较到位的，而有 16%的受调查者认为不太到位或者完全不到位，说明学校民俗体育活动的组织和推广虽然比较到位，但仍有一定的进步空间。

### （三）民俗体育现代化转型

1. 对民俗传统体育现代化转型的了解程度

通过分析可以发现，大部分受调查者对民俗体育现代化转型缺乏了解。其中，30.29%的受调查者听说过但不太清楚，20.57%的受调查者完全不了解。这说明，相关部门需要加大对民俗体育现代化转型的宣传。

2. 民俗传统体育现代化转型的必要性

通过分析可以发现，95.42%的居民认为民俗体育现代化转型非常必要或者有一定必要性，说明民俗体育现代化转型是有必要的，能给居民的生活带来好的发展。

3. 民俗传统体育现代化转型培训活动的参与意愿

通过分析可以发现，29.14%的人非常愿意参与培训活动，67.43%的人视情况而定，3.43%的人不太愿意或者完全不愿意参与培训活动，说明居民参与意愿存在分化，需要有关部门加以引导。

4. 民俗传统体育了解途径

通过分析可以发现，65.71%的人通过B站了解民俗体育，65.14%的人通过抖音了解民俗体育，通过QQ、微信、新闻、贴吧了解民俗体育的人数分别占比37.14%、33.14%、31.43%和20%。说明：B站和抖音是受调查者了解民俗体育的主要途径，需要加大对这些平台运维的重视。

5. 民俗传统体育现代化转型需要的资源

通过分析可以发现，86.86%的人认为民俗体育现代化转型需要专业人才和团队，81.71%的人认为需要场地和器材，78.86%的人认为需要资金和技术支持，75.43%的人认为需要社会资源和文化资源。

6. 数字化技术在民俗传统体育中的应用

通过分析可以发现，98.86%的人对数字化技术在民俗体育中的应用持支持或非常支持的态度，不太支持的人数占比仅有1.14%，没有反对者。说明，应大力尝试将数字化技术应用到民俗体育中。

7. 学校在民俗传统体育现代化转型中扮演的角色

通过分析可以发现，25%的人认为学校在民俗体育现代化转型中应该扮演主导者，32%的人认为学校应该扮演参与者，30%的人认为学校应该扮演组织者，仅有13%的人认为学校应该扮演观察者。总的来说，学校在民俗体育现代化转型中应该扮演较为积极的角色。

8. 学校民俗传统体育现代化转型的方式

通过分析可以发现，47.43%的人把增加民俗体育课程和活动排在了第一位，认为增加民俗体育课程和活动是学校民俗体育现代化转型最重要的方式，39.43%的人认为改进教学方法和设施最重要，7.13%的人认为加强民俗体育文化的传承和保护最重要。因此，在学校民俗体育现代化转型过程中，应适当加大对这三方面的重视力度。

9. 民俗体育现代化转型面临的挑战

通过分析可以发现，分别有85.14%、84.57%、77.14%的人认为传统与现代之间的矛盾、缺乏专业人才和团队、资金和技术支持不足是民俗体育现代化转型面临的挑战。

## 二、居民特征与民俗传统体育参与情况的关系——交叉分析

为了解不同年龄、职业、性别对大运河镇江流域居民参与民俗传统体育情况的具体差别，本书运用交叉分析法进行研究，具体结果如下。

### （一）不同年龄段与参加运动频率的交叉分析（表11-1）

表11-1　年龄与参加运动频率交叉分析结果表

| 频次 | 年龄 | | | | | 总计 |
|---|---|---|---|---|---|---|
| | 19岁及以下 | 20~29岁 | 30~49岁 | 50~59岁 | 60岁及上 | |
| 1次 | 36(46.90%) | 39(50.50%) | 1(1.00%) | 1(1.00%) | 1(1.00%) | 78 |
| 2~3次 | 13(42.30%) | 18(56.40%) | 0(0.00%) | 0(0.00%) | 0(0.00%) | 31 |
| 4~5次 | 1(50.00%) | 1(50.00%) | 0(0.00%) | 0(0.00%) | 0(0.00%) | 2 |
| 5次以上 | 3(53.80%) | 2(38.50%) | 0(0.00%) | 0(0.00%) | 0(0.00%) | 5 |
| 从不 | 4(50.00%) | 4(50.00%) | 0(0.00%) | 0(0.00%) | 0(0.00%) | 8 |
| 总计 | 57 | 64 | 1 | 1 | 1 | 124 |
| $\chi^2$ | 17.813 | | | | | |
| $p$ | 0.593 | | | | | |

分析表11-1可发现，年龄与运动参加频率交叉分析卡方检验的显著性$p$值大于0.05，在$\alpha=0.05$时水平上不呈现显著性，接受原假设，说明

年龄与参加民俗体育的频率无关。

## （二）职业与参加项目时长的交叉分析（表 11-2）

表 11-2 职业与参加项目时长交叉分析结果表

| 频次 | 职业 | | | | 总计 |
|---|---|---|---|---|---|
| | 企业管理员 | 教师 | 在校学生 | 农林牧渔劳动者 | |
| 半年以内 | 0(0.00%) | 0(0.00%) | 55(100.00%) | 0(0.00%) | 55 |
| 半年~1 年 | 0(0.00%) | 0(0.00%) | 45(100.00%) | 0(0.00%) | 45 |
| 1 年~3 年 | 0(0.00%) | 0(0.00%) | 16(100.00%) | 0(0.00%) | 16 |
| 3 年以上 | 0(0.00%) | 0(0.00%) | 8(100.00%) | 0(0.00%) | 8 |
| 总计 | 0 | 0 | 124 | 0 | 124 |
| $\chi^2$ | 37.927 | | | | |
| $p$ | 0.176 | | | | |

分析表 11-2 可发现，职业与运动参加时长交叉分析卡方检验的显著性 $p$ 值大于 0.05，在 $\alpha=0.05$ 时水平上不呈现显著性，接受原假设，说明职业与参加民俗体育的时长无关。

## （三）性别与参加频率的交叉分析（表 11-3）

表 11-3 性别与参加频率交叉分析结果表

| 频次 | 性别 | | 总计 |
|---|---|---|---|
| | 男 | 女 | |
| 1 次 | 45（58.90%） | 31（41.10%） | 76 |
| 2~3 次 | 21（65.80%） | 11（34.20%） | 32 |
| 4~5 次 | 2（100.00%） | 0（0.00%） | 2 |
| 5 次以上 | 4（84.60%） | 1（15.40%） | 5 |
| 从不 | 5（59.10%） | 4（40.90%） | 9 |
| 总计 | 77 | 47 | 124 |
| $\chi^2$ | 7.268 | | |
| $p$ | 0.121 | | |

分析表 11-3 可以发现，性别与每周参加频率交叉分析卡方检验的显

著性 $p$ 值大于 0.05，在 $\alpha=0.05$ 时水平上不呈现显著性，接受原假设，说明性别与每周参加频率无关。

### （四）性别与参加时长的交叉分析（表 11-4）

表 11-4　性别与参加时长交叉分析结果表

| 频次 | 性别 | | 总计 |
|---|---|---|---|
| | 男 | 女 | |
| 半年以内 | 34（62.50%） | 20（37.50%） | 54 |
| 半年~1 年 | 25（56.80%） | 19（43.20%） | 44 |
| 1 年~3 年 | 11（65.90%） | 6（34.10%） | 17 |
| 3 年以上 | 8（82.60%） | 1（17.40%） | 9 |
| 总计 | 78 | 46 | 124 |
| $\chi^2$ | 5.713 | | |
| $p$ | 0.125 | | |

分析表 11-4 可以发现，性别与参加时长交叉分析卡方检验的显著性 $p$ 值大于 0.05，在 $\alpha=0.05$ 时水平上不呈现显著性，接受原假设，说明性别与参加时长无关。

## 三、基于灰色关联分析的学校民俗体育对兴趣程度的影响

设因变量 $y$ 为民俗体育兴趣程度，自变量 $x_1$ 为学校在民俗体育现代化转型中扮演的角色、$x_2$ 为学校民俗体育课程设置合理性、$x_3$ 为学校民俗体育活动的组织和推广是否到位。为探究学校民俗体育开展涉及的各因素对大运河镇江流域民俗体育兴趣程度的影响，利用灰色关联分析进行研究，具体理论过程如下。

### （一）确定分析序列

确定反映系统行为特征的参考数列和影响系统行为的比较数列。其中，反映系统行为特征的数据序列，称为参考数列或母序列。影响系统行为的因素组成的数据序列，称比较数列或子序列。

记母序列为：

$$\boldsymbol{Y}=(y_k)^{\mathrm{T}},\ k=1,\ 2,\ 3,\ \cdots,\ n$$

子序列为：

$$X_i(k)=X_{nm}=\begin{bmatrix} x_{11} & x_{12} & \cdots & x_{1m} \\ x_{21} & x_{22} & \cdots & x_{2m} \\ \vdots & \vdots & & \vdots \\ x_{n1} & x_{n2} & \cdots & x_{nm} \end{bmatrix}$$

其中，$i=1,\ 2,\ 3,\ \cdots,\ m.$

**（二）变量的无量纲化**

由于系统中各因素列中的数据可能因量纲不同，不便于比较或在比较时难以得到正确的结论。因此利用均值化方法进行数据的无量纲化处理：

$$\tilde{y}_k=\frac{y_k}{\bar{y}_i}$$

$$\tilde{x}_i(k)=\frac{x_i(k)}{\bar{x}_i},\ k=1,\ 2,\ \cdots,\ n;\ i=1,\ 2,\ \cdots,\ m$$

其中，$\bar{y_i}=\frac{1}{n}\sum_{k=1}^{n}y_k$，$\bar{x_i}=\frac{1}{n}\sum_{k=1}^{n}x_i(k)$，$(i=1,\ 2,\ \cdots,\ m)$

**（三）计算灰色关联系数**

计算子序列中各个指标与母序列的关联系数：

记

$$a=\min_i\min_k|y(k)-x_i(k)|,\ b=\max_i\max_k|y(k)-x_i(k)|$$

为两级最小差和两级最大差。

有灰色关联度系数：

$$\xi_i(k)=\frac{a+\rho b}{|y(k)-x_i(k)|+\rho b} \tag{1}$$

其中，$\rho\in(0,\ \infty)$，称为分辨系数，$\rho$ 越小，分辨力越大，一般 $\rho$ 的取值区间为（0，1），通常取 $\rho=0.5$。

**（四）计算关联度**

因为关联系数是比较数列与参考数列在各个时刻（即曲线中的各点）的关联程度值（图 11-1），所以它的数不止一个，而信息过于分散不便于进行整体性比较。因此有必要将各个时刻（即曲线中的各点）的关联系数集中为一个值，即求其平均值，作为比较数列与参考数列间关联程度的数量表示。

关联度公式：

$$r_i = \frac{1}{n}\sum_{k=1}^{n}\xi_i(k) \tag{2}$$

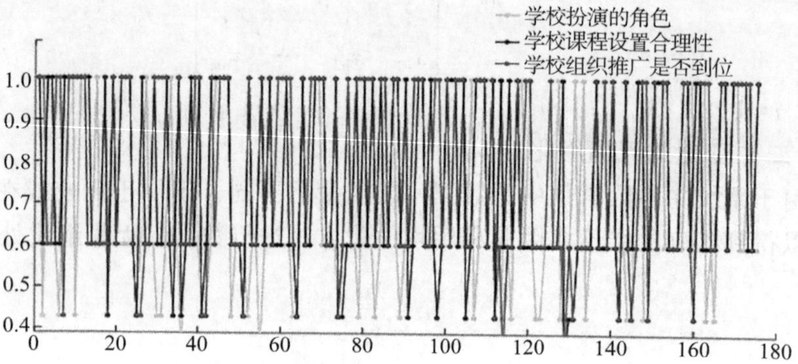


**图 11-1　关联程度图**

**（五）得到关联度排名**

排名越高，关联性越大。

关联系数和关联度的计算：

以民俗体育兴趣程度作为母序列，研究 3 个子序列（学校在民俗体育现代化转型中扮演的角色、学校民俗体育课程设置合理性、学校民俗体育活动的组织和推广是否到位）与民俗和兴趣程度的关联关系（关联度），分辨系数取 0.5，结合关联系数计算公式计算出关联系数值，并根据关联系数值，计算出关联度值用于判断。

计算得到关联度数据如表 11-5 所示：

**表 11-5　指标灰色关联度**

| 评价项 | 关联度 | 排名 |
|---|---|---|
| 学校组织推广是否到位 | 0.7798 | 1 |
| 学校课程设计合理性 | 0.7588 | 2 |
| 学校扮演的角色 | 0.6972 | 3 |

得到其排名为 $r_3 > r_2 > r_1$，均大于 0.65，最高值与最低值仅相差 0.0826，说明这 3 个指标与民俗体育兴趣的关联性均比较高，其中学校民俗体育活动的组织和推广是否到位关联度最高，为 0.7798，学校在民俗体

育现代化转型中扮演的角色关联度最低，为0.6972。

这3个指标不仅在数据运算结果下具有合理性，还可以从这3个指标对民俗体育活动的知名度的贡献力度上进行解释。学校对民俗体育活动的组织和推广通常面向整个社会，而不仅仅局限于学校，因此它的宣传范围更广，会有更多的人知道并了解它，进而更容易吸引人们的兴趣；而学校的课程面向对象就仅仅局限在了校内，范围更窄，宣传效果要弱一些，知名度要更低，人们的兴趣程度也会弱一些；而学校在民俗体育现代化转型中扮演的角色更接近于一个隐式的因素，因此效果也要更弱一些，故与民俗体育兴趣程度的关系最弱。

## 四、基于Ridit检验的民俗体育现代化转型面临的挑战分析

为了研究民俗体育现代化面临的挑战是否会对民俗体育活动的兴趣程度产生影响，本书选择Ridit检验法进行分析。如果民俗体育现代化转型面临的挑战会对民俗体育的兴趣程度产生不同程度的影响，那么需找出具体哪一方面影响程度大，以便后续有针对性地改善。

本部分从多选题中整理选项，分析分类变量民俗体育现代化转型面临的挑战与有序定类变量对于民俗体育的兴趣程度之间是否存在显著性差异。其中，问卷中可供受调查者选择的民俗体育现代化转型面临的挑战有：传统与现代之间的矛盾、资金和技术支持不足、缺乏专业人才和团队。对民俗体育的兴趣程度分为4个等级，依次为：非常感兴趣、比较感兴趣、一般、不感兴趣。

为了研究民俗体育现代化转型面临的挑战对民俗体育兴趣程度产生影响的差异，本书选择Ridit进行检验，得到如表11-6所示结果：

**表11-6 Ridit检验结果表**

| 组别 | 平均Ridit值 | 95%置信区间 | $\chi^2$ | $p$ |
|---|---|---|---|---|
| 传统与现代之间的矛盾 | 0.516 | 0.213~0.869 | 35.56 | 1 |
| 资金和技术支持不足 | 0.506 | 0.267~0.746 | | |
| 缺乏专业人才和团队 | 0.426 | 0.058~0.837 | | |

由上述计算结果可知，$p=1>0.05$，接受原假设，说明民俗体育现代

化转型面临的挑战对民俗体育兴趣程度产生的影响不存在差异性，从平均Ridit值也可以得知民俗体育现代化转型面临的挑战对民俗体育兴趣程度产生的影响没有显著的差异性，说明民俗体育现代化转型面临的挑战均会对民俗体育兴趣程度产生影响，为了进一步比较各个因素的影响程度，做出Ridit值置信区间图（图11-2）。

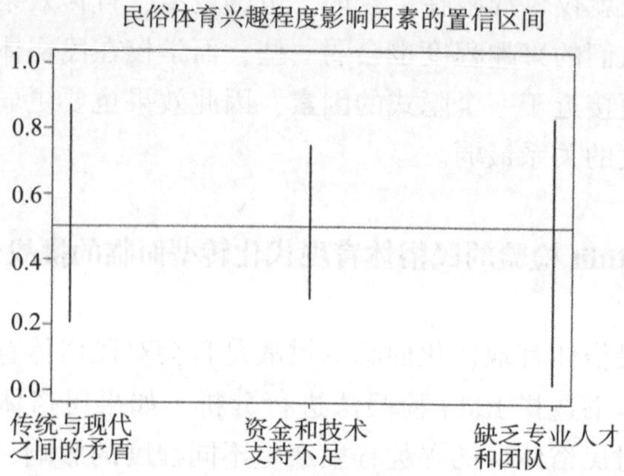


**图11-2　民俗体育兴趣程度影响因素的置信区间**

分析图11-2可以发现，问卷中所列民俗传统体育现代化转型面临的挑战（传统与现代之间的矛盾、资金和技术支持不足、缺乏专业人才和团队）对民俗传统体育热爱程度的影响程度较为接近，只有传统与现代之间的矛盾影响程度略高。这说明大多数居民认为民俗体育现代化转型面临的这三个挑战都是同等重要的。

## 五、基于随机森林模型的民俗体育现代化转型方向探究

为更好地明确大运河镇江流域现代化转型的方向，下面建立随机森林模型对民俗体育现代化转型是否更适合可持续发展与对民俗体育现代化转型的了解程度、数字化技术在民俗体育应用的看法、对体旅融合的看法、学校民俗体育活动的组织和推广之间的关系进行研究。

选择数据训练集与测试集的比例为8：2，决策树数目为100，基于民俗体育现代化转型是否更适合可持续发展与了解程度、数字化技术的应用、体旅融合、学校的组织和推广之间的数据对是否更适合可持续发展进

行分类预测，得到预测结果的 MSE、MBE 分别为 0.00495、0.07036，说明模型分类效果较好，具体分类预测结果如图 11-3 所示：

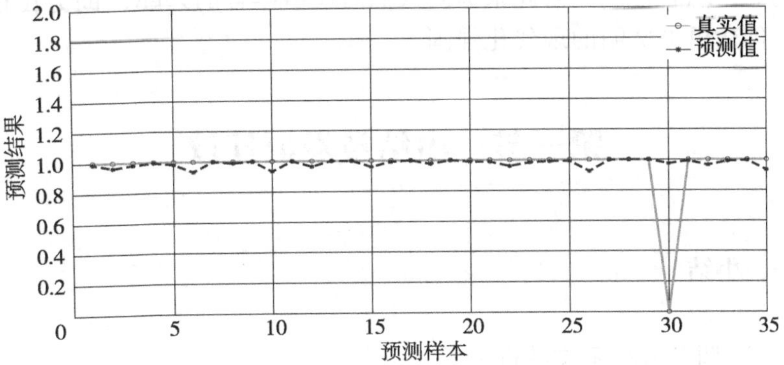


**图 11-3　随机森林分类预测结果**

以各项特征指标对民俗体育是否更适合持续发展分类结果的重要性衡量其对分类结果的影响程度，得到结果如图 11-4 所示：

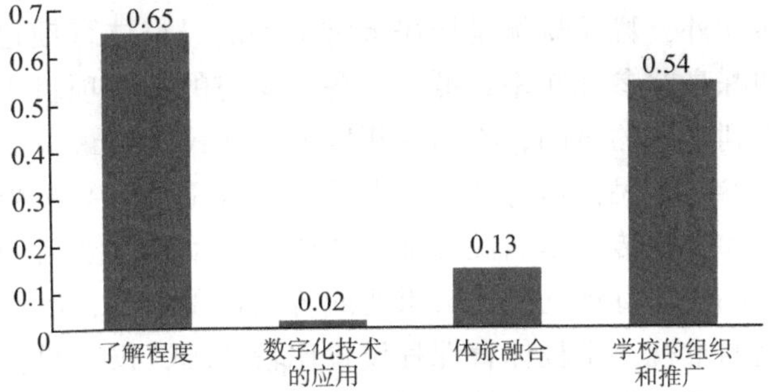


**图 11-4　各项指标重要性**

分析图 11-4 可以发现，各项指标重要性数值均大于 0，说明本书抓取的 4 项指标对民俗体育兴趣程度的影响均是正向的，即人们对民俗体育现代化越了解，数字化技术在民俗体育的应用支持度越高，体旅融合程度越高，学校的组织和推广工作做得越好，那么人们对民俗体育的兴趣程度越高。

其次，通过分析可以发现，人们对民俗传统体育的了解程度对民俗体育兴趣影响最大，重要性为 0.65，学校的组织和推广重要性次之，为 0.54，数字化技术的应用重要性最小，只有 0.02，甚至在进行多次实验中出现了负值的情况。该结果说明应加大力度做好民俗体育现代化转型概念的普及工作，让更多人了解民俗体育现代化转型。此外，学校也应做好相关活动的组织和推广，以此来提高人们对民俗体育的兴趣，助力民俗体育发展，创建更加文明的现代化强国。

## 第三节 小结及发展建议

### 一、小结

#### （一）调查人群基本特征

受调查人群主要集中在京口区和丹徒区，镇江市其他区域人数较少；受调查人群中男性人数多于女性；受调查人群的身份以农林牧渔劳动者为主，退休人员、教师、待业/下岗人员、自由职业者及其他人员较少。

#### （二）民俗传统体育开展现状

除其他活动外，舞龙舞狮是居民最常参加的民俗体育项目，龙舟竞渡次之，秧歌和踩高跷参加频率最低。在各自参与的体育项目中，大部分居民仅参与了不到半年的时间，参与 3 年以上的居民人数最少。大部分参与调查的居民都参与了民俗体育活动，但参与频次不高。兴趣爱好、体育锻炼、社交活动和文化传承是居民参加民俗体育活动的主要目的。大部分受调查者认为，民俗体育活动是比较重要或者非常重要的，民俗体育活动已经得到了居民的重视。学校体育课程设置比较合理，仅有很少一部分人认为课程设置不合理。学校民俗体育活动的组织和推广比较到位，但仍有一定的进步空间。

#### （三）民俗传统体育现代化转型

大部分居民对民俗体育现代化转型的概念缺乏了解，需要加大宣传力度。民俗体育现代化转型是有必要的，能给居民的生活带来好的改变。居民参与民俗体育现代化转型的意愿并不强烈，需要有关部门加以引导。B 站和抖音是受调查者了解民俗体育的主要途径，需要加大在平台运维的重视程度。专业人才和团队、场地和器材、资金和技术支持、社会资源和文化资源是民俗体育现代化转型需要的主要资源。大部分受调查者都支持将数字化技术应用到民俗体育现代化转型中。学校在民俗体育现代化转型中应扮演主导者、参与者、支持者这一类较为积极的角色。学校在民俗体育现代化转型中，应加大对于增加民俗课程和活动、改进教学方法和实施策略、加强民俗体育文化的传承和保护的重视。传统与现代之间的矛盾、缺乏专业人才和团队、资金和技术支持不足是民俗体育现代化转型面临的挑战。

### （四）居民特征与民俗传统体育参与情况的关系

通过建立交叉分析模型，发现年龄和性别与每周参加民俗体育项目的频率无显著关联，职业和性别与参加民俗体育的时长亦无显著关联。

### （五）学校民俗传统体育对兴趣程度的影响

建立灰色关联分析模型，发现学校在民俗体育现代化转型中扮演的角色、学校民俗体育课程设置的合理性和学校对于民俗体育活动的组织和推广是否到位均对受调查者对民俗体育活动的兴趣程度有较大的影响。

### （六）民俗传统体育现代化转型面临的挑战分析

Ridit 检验结果显示，问卷中所列民俗传统体育现代化转型中面临的挑战（传统与现代之间的矛盾、资金和技术支持不足、缺乏专业人才和团队）对民俗体育现代化转型的兴趣程度的影响几乎是同等重要的。

### （七）民俗传统体育现代化转型方向

随机森林模型分析表明，受调查者对民俗传统体育现代化转型概念的了解程度与学校的组织和推广是影响人们对民俗体育现代化转型可持续发展信心的关键因素。因此，应加大力度做好民俗传统体育现代化转型概念的普及工作和学校的组织、推广活动。

## 二、发展建议

### （一）数字化赋能的民俗体育现代化转型，开发数字化地图的民俗体育平台

笔者所在团队开发的苏南红色乡村传统体育平台于 2024 年获得国家版权局软件著作权。平台借助“互联网+传统体育”促进苏南红色乡村与旅游、互联网和文化深度融合，强化传统体育文化的宣传、保护和传承，推动红色文化与乡村振兴相辅相成、协调发展。基于高德地图开放平台，团队打造出了基于集成数字地图的苏南红色乡村传统体育平台，平台聚焦传统体育的保护和传承，实现乡村传统体育的宣传、体验和在线学习，促

进身体健康和文化发展。平台关注乡村传统体育，以宣传介绍、文化传承和体验锻炼学习为抓手，聚焦乡村文化振兴，促进民俗体育项目的传承与社会传播，保障民俗体育的可持续发展。

**（二）培育体育乡贤和传承人**

积极培育体育乡贤和传承人。体育乡贤涵盖本地籍贯人士及曾在当地生活、工作过的人。应扩大宣传，增加点击量，塑造体育名人效应，促进当地的民俗体育传承。

**（三）运用自媒体短视频平台，鼓励青年学生等制作并传播民俗传统体育**

B 站和抖音是受调查者了解民俗传统体育的主要渠道，需要高度重视并提升对这些平台运营维护的重视程度。

**（四）民俗体育进校园**

推动具有镇江特色的非遗舞龙舞狮、武术、龙舟等项目进入校园，既能传承创新非物质文化遗产，又能让学生掌握运动技能、强身健体。例如，2021 年 6 月 22 日，江苏科技大学首届“龙游端午”龙舟师生联赛在长山校区海韵湖举行。赛龙舟作为中国传统节日端午节的主要习俗之一，是深受人们喜爱的水上竞技活动，集中体现了中华民族同舟共济、团结拼搏、奋勇争先的精神，与该校大力弘扬的“江海襟怀、同舟共济、扬帆致远”的“船魂”精神高度契合。江苏科技大学龙舟队成立于 2021 年 3 月，是一支组织纪律严明、训练刻苦、作风顽强和团结的运动队，在日常训练和管理中，队员强调自我管理、自觉锻炼、挑战自我，秉持互帮互学、勇于拼搏、不断进取。

**（五）民俗传统体育+红色文化**

镇江扬中红色乡村红旗村、永胜村曾是渡江战役战士休整地，村里建有渡江精神陈列馆和九狮图舞狮非遗展示馆。它们将红色文化、民俗传统体育和旅游有机融合。

**（六）传统体育+特色节庆**

镇江新区圌山每年于黄明节举行登圌山民俗传统体育活动。随着五峰山长江大桥的通车，“登上圌山看日出”等民俗体育活动，使圌山成为网红打卡之地，打造出传统体育+特色节庆的镇江新名片。